WOHER?
WOHIN?

Ekkehardt Oehmichen

WOHER? WOHIN?

Migranten in Sachsen zwischen alter und neuer Heimat

Mit einem Beitrag von Sabine Zöge

edition überland

Inhalt

VOR-
Vorwort
WORT

Frankenberg – eine Kleinstadt in der Nähe von Chemnitz am Fuß des Erzgebirges – ist nicht anders als andere Klein- und Mittelstädte in Sachsen oder Deutschland. Auch in Döbeln, Mittweida, Meißen oder Heidenau leben Menschen mit ausländischen Wurzeln, die schon lange hier wohnen. Andere sind im Herbst 2015 als Geflüchtete und Asylsuchende angekommen und einquartiert worden. An vielen Orten im Freistaat veränderte sich die Gesellschaft. Die Reaktionen der Einheimischen auf diese Veränderung waren unterschiedlich: Viele wurden zu Willkommensgesten und Hilfsaktionen bewegt, viele andere standen den Neuangekommenen ablehnend bis aggressiv gegenüber.

Jeder Mitbürger mit ausländischen Wurzeln hat seine eigenen Erfahrungen mit den Einheimischen gemacht, fühlt sich in die Gemeinschaft integriert, angenommen oder auch fremd und isoliert. Das verstärkte Auftreten nationalistischer Kräfte sowie rassistischer, ausländerfeindlicher Stimmungen in der Stadt und auf dem Land haben das Lebensgefühl dieser Menschen gerade in den letzten Jahren mit beeinflusst.

Die biografischen Porträts dieses Bandes werfen einen exemplarischen Blick nach Frankenberg und sind der Versuch, die dort lebenden »Fremden« ein wenig sichtbarer zu machen, ihnen eine Stimme und ein Gesicht zu geben, zu zeigen, wer sie sind – ihre Persönlichkeiten, ihre Herkunft, ihre Fluchtgeschichten, ihre ganz individuellen Lebensumstände, früher und heute.

Die Porträts zeigen Familien und einzelne Personen, die sich in sehr unterschiedlichem Maße integriert, angenommen oder auch isoliert fühlen. Das hat mit ihrer Aufenthaltsdauer und ihrem Aufenthaltsstatus zu tun. Wer länger in Frankenberg und Umgebung lebt, hat viel größere Chancen, Teil der Gemeinschaft geworden zu sein, als jene, die vor Kurzem erst angekommen sind. Wichtiger noch für das Ankommen, für die Integration, sind Sprachkenntnisse. Menschen, die nur wenig Deutsch können und sich weder in Ausbildung noch im Beruf befinden, stehen eher am Rande und haben Verständigungsprobleme.

Das Buch erzählt von acht Familien mit Migrationshintergrund und einem jungen Mann, der als unbegleiteter Jugendlicher geflüchtet ist. Sie stammen aus Syrien, Afghanistan, dem Irak, Vietnam, Nordmazedonien und aus Tschechien.

Es war nicht ganz leicht, Gesprächspartner zu finden. Eine große Hürde waren die schon erwähnten geringen Deutschkenntnisse. Ich habe versucht, ohne Dolmetscher auszukommen. Viele Migranten sind mehrsprachig, können bis zu vier Sprachen. Deutsch zu sprechen und – wie man in den Porträts lesen kann – das Sächsische zu verstehen, fällt ihnen aber oft noch schwer.

Ich habe mir für die Gespräche ein bis zwei Stunden Zeit genommen, manche waren auch deutlich länger. Die Erfahrung hat gezeigt, dass mit jedem Kontakt die Offenheit des Erzählens und Berichtens angestiegen ist. Das gegenseitige Vertrauen wuchs und die Gespräche wurden intensiver; ich hätte sie noch viel länger führen können.

Ich habe sympathische Leute kennengelernt, die viel zu erzählen haben, die eine bewegte, oft dramatische Geschichte hinter sich und eine unsichere Zukunft vor sich haben. Existenzängste und Angst vor Ablehnung und Missachtung spielen eine große Rolle. Fast alle aber gehören zu den Mutigen, die es gewagt haben oder dazu gezwungen wurden, ihre Familie, ihre Herkunftsgesellschaft, ihre Heimat zu verlassen und ein ganz neues Leben – auf Dauer oder auf Zeit – in einer völlig fremden Umgebung anzufangen.

EINE SYRISCHE FLUCHT-GESCHICHTE

Eine syrische Flucht-geschichte

Sevan Mardogochian und Kahtchik Kewanian, Verlobung 2005

Die Familie Kewanian-Mardogochian hat eine sehr lange, entbehrungsreiche Fluchtgeschichte hinter sich. Sie begann im September 2011, als man sich in Aleppo nicht mehr sicher fühlen konnte. Der Bürgerkrieg in Syrien hatte im März 2011 mit Protesten der Zivilbevölkerung in der südsyrischen Kleinstadt Daraa begonnen. Schüler hatten regimekritische Parolen und Graffiti auf Wände gesprüht. Die Staatsmacht reagierte mit Verhaftungen und Gewalt. Es war die Zeit des sogenannten Arabischen Frühlings, der zum Sturz der Machthaber in Tunesien, Ägypten und Libyen führte. Immer mehr Menschen in allen Teilen Syriens solidarisierten sich mit den Verfolgten. Demonstrationen, Straßenschlachten mit der Polizei und später auch mit dem Militär weiteten sich in den folgenden Monaten über das ganze Land aus.

Sevan Mardogochian und Kahtchik Kewanian sahen sich zur Flucht aus Aleppo gezwungen, nachdem ihre Wohnung von einem Raketenangriff zerstört und Nachbarn getötet worden waren. Die Stadt war kein sicherer Ort mehr. Islamistische Milizen hatten es vor allem auf die christlich-armenischen Stadtviertel Aleppos abgesehen. Die Familie floh mit ihren beiden Kindern und mit Kahtchiks kranker Mutter zunächst in die Heimat von Sevan, nach Tartus. Der Sohn Kevork war damals sechs Jahre alt, die Tochter Angela drei.

In Tartus haben sie gemeinsam ein Jahr lang gelebt, bis sich die Alltagsumstände auch dort immer weiter verschlechterten. Das Anwachsen des Flüchtlingsstroms aus Aleppo führte allmählich zu unzumutbaren Zuständen: Die Wohnungsbesitzer verlangten immer höhere Mieten und es war fast unmöglich Arbeit zu finden. Kevork konnte nicht eingeschult werden; es gab nur arabische, keine armenischen Schulen.

2012 entschied sich die christlich-armenische Familie für die Übersiedlung nach Kessab an der türkischen Grenze, eine vor allem von Armeniern besiedelte Kleinstadt. Dort wurden sie von der christlich-armenischen Kirche mit einer kleinen, kostenlosen Wohnung versorgt. Kevork konnte sogar die Schule besuchen. Die Atempause war aber nur von kurzer Dauer.

Im März 2013, am syrischen Muttertag, Sevan Mardogochian kann sich noch genau daran erinnern, änderte sich alles. Im Morgengrauen wurde die Stadt völlig überraschend mit Raketen angegriffen. Kahtchik Kewanian dachte erst an eine militärische Übung. Eine Rakete schlug direkt neben ihrem Haus ein. Sie wurden aus dem Schlaf gerissen, packten ihre Kinder und standen wenige Minuten später barfuß im Nachthemd und Schlafanzug auf der Straße. Es war März und es lag noch Schnee. Aus einem Lautsprecher ordnete eine Stimme an: »Verlassen sie sofort ihre Wohnungen und Häuser, sie haben nur fünf Minuten!« Die Straßen waren sofort voller ratloser Leute, schreiende Kinder, Alte, Kranke, alle halb bekleidet und frierend. Sie wurden in Autos und Busse verfrachtet, ohne Koffer, ohne Geld, ohne Telefon. Die überstürzte Fahrt sollte weg von der türkischen Grenze führen, in Richtung Latakia, einer Stadt, die weiter südlich an der Küste liegt.

Damals war völlig unklar, wer an diesem Morgen Kessab angegriffen hatte, keiner wusste Bescheid. Später hat sich das zumindest teilweise aufgeklärt. Es stand in den Zeitungen.

Kessab wurde im März 2013 von Islamisten erobert. Es gab glaubhafte Berichte, wonach die Milizionäre der Nusra-Front die türkisch-syrische Grenze mit Unterstützung des türkischen Geheimdienstes ungehindert überschreiten konnten. Fast alle Einwohner konnten fliehen. Die Stadt wurde von den Eindringlingen geplündert und verwüstet, eine unglaubliche Zerstörungswut machte sich dort breit. Erst im Juni 2014 konnte Kessab von der syrischen Armee und von armenischen Bürgerwehren befreit werden.

Kahtchik Kevanian erklärt uns, dass seine Vorfahren ursprünglich im Osmanischen Reich, im Gebiet der heutigen Türkei, lebten. Während des Ersten Weltkriegs wurden die im Osmanischen Reich lebenden Armenier von dort vertrieben, wobei es Hunderttausende Todesopfer gab. Die Vorfahren von Kevanian verschlug es damals nach Syrien. Für ihn war die Vertreibung der armenischen Einwohner von Kessab im März 2013 besonders schmerzlich, als er durch das verantwortungslose und inhumane Handeln der Türkei nach mehr als 100 Jahren eine zweite Vertreibung seines Volkes miterleben musste.

Die Flucht von Kessab nach Latakia war dramatisch. Tausende Menschen waren unterwegs, es entstanden lange Autokolonnen, die ebenfalls mit Raketen beschossen wurden, ein großes Chaos mit vielen Toten und Verletzten, denen kaum geholfen werden konnte. Ein schrecklicher Tag, vor allem für die Kinder. Angela und Kevork waren zu dieser Zeit erst vier und sieben Jahre alt!

In Latakia mussten zunächst alle, die keine Verwandten hatten, in einer Kirche übernachten, einem provisorisch eingerichteten Flüchtlingslager. Die fünfköpfige Familie Kewanian konnte sich nur mit dem Nötigsten retten und versuchte von Latakia aus nach Aleppo durchzukommen, was aber wegen vieler Straßensperren aussichtslos war. Zudem war die kleine Angela krank geworden.

Kahtchiks Bruder war die vorläufige Rettung. Er lebte im Libanon und setzte alle Hebel in Bewegung, die Familie dorthin zu holen. Sie schafften es, mit einem Taxi über die syrisch-libanesische Grenze zu kommen. Zwei Jahre lang lebten sie dann in der Kleinstadt Anjar im Norden des Libanon wie andere Flüchtlinge auch, beengt und ohne Perspektive in zwei kleinen Zimmern. Sie mussten, wie immer auf ihrer Flucht, warten, warten, warten. Eine Rückkehr nach Syrien oder gar nach Aleppo war undenkbar; der Syrienkrieg war nach wie vor in vollem Gange. Es ist der Geduld und Beharrlichkeit von Sevan Mardogochian zu verdanken, dass ein nächster Schritt auf ihrem langen Fluchtweg möglich wurde. Mithilfe des UN-Flüchtlingshilfswerks konnten sie schließlich nach Europa gelangen. Im April 2015 kamen sie in Italien an.

Sevan Mardogochian ist im Südwesten Syriens an der Grenze zum Libanon auf einem Bauernhof aufgewachsen. Ihre Eltern leben heute noch dort. In Tartus ist sie zur Schule gegangen und hat dort auch ihr Abitur gemacht. Ein anderer Teil der Verwandtschaft von Sevan wohnte in Aleppo, das vier Stunden von Tartus entfernt liegt.

Beim Besuch eines Onkels in Aleppo hat Sevan ihren Mann Kahtchick kennen- und lieben gelernt. In Aleppo wurde Hochzeit gefeiert, ihre beiden Kinder sind dort geboren, Kevork, der heute dreizehn Jahre alt ist, und Angela, heute zehn. Sevan hatte dort eine Anstellung in einem großen Autohaus, sie war für den Verkauf vor allem deutscher und chinesischer Fabrikate zuständig. Die deutschen Autos waren immer von besonderer Qualität, betont sie.

Drei Brüder von Sevan Mardogochian wurden bei der syrischen Armee für neun Jahre verpflichtet. Ihr kleiner Bruder kämpft in der Nähe der syrisch-irakischen Grenze. Die Bedingungen seien dort katastrophal. Ihr großer Bruder ist in Homs und muss nach Ansicht von Sevan noch Dienst tun, bis der Krieg zu Ende ist, und das könne noch zwanzig Jahre dauern. Während dieser Zeit dürfen die Brüder auch keine Familie gründen. Fast alle Männer im Alter von achtzehn bis fünfzig Jahre werden nach der derzeitigen Gesetzeslage in Syrien eingezogen.

Zurück zur Ankunft der Familie Kewanian in Italien. Am Flughafen wurden ihnen von der Polizei die syrischen Pässe entzogen, die sie bis heute nicht wieder zurückerhalten haben. Ansonsten fanden sie in Italien zunächst recht gute Aufenthaltsbedingungen, vor allem wurde ihnen viel versprochen. Sie konnten zu fünft günstig in einer großen Wohnung in der Nähe von Rom, in Aquino, wohnen und ihre Kinder in die Schule schicken. Aber es gab keine konkrete Perspektive. Eine Beschäftigung bzw. eine reguläre Arbeitsstelle fand sich ebenfalls nicht. Sevan und Kahtchik wollen aber prinzipiell arbeiten und sich nicht von Sozialsystemen aushalten lassen.

Kahtchiks Beruf ist Goldschmied mit dreißigjähriger Erfahrung in Syrien. Er hatte in Italien die Gelegenheit, Proben seiner Fertigkeiten zu zeigen, und erhielt dafür ein Meisterzertifikat. Der italienische Goldschmied sagte ihm anerkennend: »Du könntest mein Chef sein!« Aber er bekam in Italien keine reelle Chance, in seinem Beruf zu arbeiten.

Kahtchik musste sich in den ersten Wochen vor allem um seine schwerkranke Mutter kümmern, für die es kaum noch Hoffnung gab.

Kurz nach der Ankunft in Italien wurde sie ins Krankenhaus eingeliefert. Ihr Sohn blieb in den letzten Wochen Tag und Nacht bei ihr im Krankenhaus, bis sie starb.

Nach einem Jahr lief die Unterstützung durch das italienische Sozialsystem für Geflüchtete aus. Auch die armenische Kirche konnte der Familie nicht mehr helfen. Die Kewanians mussten aus ihrem Haus ausziehen, Sprach- oder Eingliederungskurse hatte es für Sevan und Kahtchik ohnehin nicht gegeben. Die Familie war verzweifelt, sie versuchte Himmel und Hölle in Bewegung zu setzen, aber alles half nichts. Am Ende war ihnen klar, dass sie Italien verlassen mussten. Sie hatten Kontakte nach Deutschland, viele Freunde in Leipzig, die ihnen Hilfe anboten.

Sevan räumt freimütig ein: »Ich sah keine andere Möglichkeit mehr, ich habe den italienischen Behörden vorgegaukelt, ich hätte eine Arbeitsstelle in Deutschland.« Im Mai 2017 konnte die Familie mit den von den italienischen Behörden ausgestellten Visa nach Frankfurt fliegen und von dort nach Leipzig reisen.

Die deutschen Behörden wollten die Kewanians sofort wieder nach Italien zurückschicken, weil das europäische Asylrecht mit dem sogenannten Dublin-Verfahren verlangt, dass

Geflüchtete im Erstaufnahmeland bleiben. Die Kewanians haben sich auf die Hinterbeine gestellt und konnten sich mithilfe ihres Leipziger Anwalts und des Deutschen Roten Kreuzes erfolgreich wehren. Sie haben jetzt ein auf jeweils sechs Monate befristetes Bleiberecht in Deutschland, das kontinuierlich neu beantragt werden muss. Sevan Kewanian ist an dieser Stelle sehr entschieden: »Eher gehe ich nach Syrien zurück als nach Italien!«

Eine Erstaufnahmeeinrichtung in Leipzig war ihre erste Station in Deutschland, danach kamen sie nach Mittelsachsen in das Erstverteilzentrum für Asylbewerber in Rossau und schließlich im Juni 2017 nach Frankenberg. Um einen längeren Aufenthaltstitel zu erwerben, ging es für Sevan und Kahtchik von Anfang an darum, eine berufliche Perspektive zu erlangen, hier eine Ausbildung oder eine Anstellung zu finden. Die Angst vor Abschiebung bleibt dabei immer im Hinterkopf, auch wenn sie eigentlich nichts befürchten müssen. Die Bedingungen in Syrien in den letzten Monaten und Jahren haben sich alles andere als verbessert, weshalb nach wie vor kaum jemand in das Bürgerkriegsland abgeschoben werden darf.

Sevan hat sofort mit dem Deutschlernen begonnen und es geschafft, innerhalb von drei Monaten das B1-Zertifikat zu erlangen.

Sevan Mardogochian und Kahtchik Kewanian mit ihren Kindern Kevork und Angela

Sie spricht relativ gut Deutsch und befindet sich seit Kurzem im Rahmen einer sogenannten Einstiegsqualifikation für ein Jahr in einem Edeka-Markt in Hainichen. Drei Tage in der Woche arbeitet sie dort, an zwei Tagen der Woche besucht sie die Berufsschule in Chemnitz.

Im Lebensmittelmarkt musste sie am Anfang Regale einräumen, heute muss sie sich vor allem mit der Systematik der Warensortierung beschäftigen, mit Warencodes, ihrer elektronischen Erfassung, also mit dem ganzen Warenwirtschaftssystem eines Lebensmittelmarktes. Sevan fühlt sich in Hainichen sehr wohl, die Arbeitsatmosphäre und der Kontakt mit Kollegen und Kolleginnen seien sehr gut.

Kahtchik Kewanian, der nicht nur perfekt armenisch und arabisch, sondern auch türkisch spricht, absolviert derzeit in Chemnitz Deutsch- und Alphabetisierungskurse. Die muss er erfolgreich abschließen, um in seinem geliebten Beruf als Goldschmied arbeiten zu können. Es sieht so aus, als würde sich für ihn im kommenden Jahr eine Chance dazu in Chemnitz eröffnen. Weil seine Fachzeugnisse in Deutschland nicht anerkannt werden, wird er zunächst seine Fertigkeiten im Rahmen eines einjährigen Praktikums bei einem Juwelier unter Beweis stellen müssen. Er knüpft daran große Hoffnungen.

Die Familie fühlt sich in Frankenberg wohl und möchte auch gerne bleiben. Soziale Kontakte sind allerdings rar, obwohl Sevan Mardogochian recht umtriebig ist. Es gibt hier nur wenige syrische Familien, mit armenischen Familien treffen sie sich hin und wieder.

Die Kewanians leben derzeit noch in den eher beengten Verhältnissen einer kleinen

Zweizimmerwohnung einer Gemeinschaftsunterkunft für Geflüchtete und hoffen auf einen baldigen Wechsel in eine etwas größere Wohnung in Frankenberg, die vor allem näher am Bahnhof liegt. Die Kewanians sind schließlich jeden Werktag mit öffentlichen Verkehrsmitteln nach Hainichen, Chemnitz und Mittweida hin und zurück unterwegs.

Von einer schlechten Erfahrung in Frankenberg berichtet die Familie noch immer ganz aufgeregt, obwohl sie schon mehr als zwei Jahre zurückliegt. Es geht um ein Ereignis, das sich im Juli 2017, in ihrer Anfangszeit in Frankenberg, zugetragen hat. Kahtchik war mit seinem Sohn auf einem Grundstück im Bereich der Gutenbergstraße unterwegs, als plötzlich ein Mann auf sie zukam und sie anherrschte: »Warum laufen Sie hier? Sie gehören nicht hierher. Ausländer raus!« Weil Kahtchik sich nicht erklären konnte, sein Deutsch war noch sehr gebrochen, hat dieser wütende Deutsche die Polizei gerufen. Kurze Zeit später tauchte ein Polizeikommando mit drei Fahrzeugen auf und stellte Kahtchik zur Rede, fragten nach seinem Ausweis und seiner Wohnung. Drei Stunden hat die Aktion gedauert, das meiste spielte sich auf der Straße ab, die Bewohner hingen in den Fenstern, haben fotografiert und gefilmt. Nach langem Warten löste sich dann alles in Luft auf. Für die Familie ist dieses Ereignis noch heute in schrecklicher Erinnerung, sie fühlten sich öffentlich an den Pranger gestellt. Keiner half ihnen, eine Entschuldigung gab es nie. Glücklicherweise hat sich ein Vorgang dieser Art nicht wiederholt.

Kevork geht in Mittweida in die Schule und besucht dort eine DAZ-Klasse, in der Deutsch als zweite Fremdsprache für die Oberschule unterrichtet wird. Angela fährt jeden Werktag nach Hainichen und wird dort ebenfalls in einer DAZ-Klasse unterrichtet. Vor allem in der Anfangszeit gab es für beide Probleme mit Mitschülerinnen und Mitschülern. Sie fühlten sich als Ausländerkinder mit gebrochenem Deutsch von vielen nicht akzeptiert. Angela wollte oft nicht mehr in die Schule gehen. Inzwischen sprechen beide sehr gut Deutsch, haben aber in ihren Klassenstufen noch immer Nachholbedarf. Angela würde viel lieber nach Frankenberg in die Schule gehen, sie hat das Gefühl in Hainichen gar nichts zu lernen. Vielleicht klappt es im nächsten Jahr.

Die Familie der Kewanians ist inzwischen in alle Welt zerstreut. Eine Schwester ist in Sydney gelandet, ein Bruder lebt in Montreal. Sevan und Kahtchik wollen aber weder hier- noch dorthin, sie wollen ihre Chancen in Deutschland nutzen, wollen hierbleiben, zumindest so lange, wie ein zumutbares oder erträgliches Leben in Aleppo noch nicht möglich ist. Sie befürchten, dass der Bürgerkrieg in ihrer Heimat noch sehr lange dauern wird.

EIN NORD-
MAZEDONIER
IN FRANKENBER

Ein zufriedener Nordmazedonier in Frankenberg

Blick auf den Ort Radusha in Nordmazedonien

Ich parke vor dem Amici, dem großen italienischen Restaurant in Frankenberg. Drinnen herrscht schon geschäftiges Treiben, die ersten Gäste werden in Kürze erwartet. Beser Iseni hat sich Zeit genommen, er kommt freundlich lächelnd auf mich zu, begrüßt mich, gibt noch ein paar Anweisungen in Richtung Bar und wir setzen uns bequem und erwartungsvoll an einen der großen Tische gegenüber.

Beser Iseni ist seit 2016 Inhaber des italienischen Restaurants, das sich unterhalb der Kernstadt befindet, nicht weit von der neu gestalteten Zschopauaue, dem Gelände der Frankenberger Landesgartenschau von 2019. Beser Iseni ist kein angestammter Frankenberger und doch eine wichtige Persönlichkeit der Stadt, die engagiert und erfolgreich die Frankenberger Gastronomiewelt mitprägt. Er und seine Familie stammen aus dem früheren Jugoslawien, aus Nordmazedonien, einem »schönen Land in Südosteuropa, das man wegen des Klimas besonders in der Winterzeit besuchen sollte«, empfiehlt Iseni. Es liegt zwischen

Griechenland im Süden, dem Kosovo und Serbien im Norden, Albanien im Westen und Bulgarien im Osten. Der Name Nordmazedonien ist erst 2018 eingeführt worden und noch wenig bekannt. Nach einem jahrhundertealten Namensstreit mit Griechenland wurde Mazedonien mit der Hauptstadt Skopje in Nordmazedonien umbenannt. Nicht zuletzt wahrt man sich damit die Chance, EU-Mitglied zu werden.

Meine erste Frage ist natürlich, wie ein Nordmazedonier ausgerechnet zu einem italienischen Restaurant kommt? Beser Iseni lächelt und erzählt von seinem Vater, der schon vor über vierzig Jahren nach Deutschland kam und in Berlin von der Pike auf in einem italienischen Restaurant das Gastronomiehandwerk gelernt hat. Als Küchengehilfe, sprichwörtlich als Tellerwäscher, habe er angefangen. Später sei er Pizzabäcker geworden und dann zum italienischen Koch und Restaurantchef aufgestiegen. Gemeinsam mit Partnern habe er in Berlin nacheinander mehrere Restaurants betrieben. Eine Weile sehr erfolgreich, dann aber sei sein Vater mit den Partnern unzufrieden gewesen und habe sich seiner Familie besonnen. »Er hat komplett auf Familienbetrieb umgestellt«, betont Iseni. Seine Söhne waren im Jahre 2011 alt genug und bereit, in das Gastronomiegeschäft einzusteigen. Zugleich hat sich die Familie auch außerhalb Berlins nach neuen Investitions- und Entfaltungsmöglichkeiten umgesehen und ist in Sachsen fündig geworden. Der Sprung wurde gewagt.

Zuerst hat Beser Iseni gemeinsam mit seinem Vater das Restaurant Amici in Freiberg in der Bahnhofstraße eröffnet. Dann wurde unter demselben Namen ein weiteres italienisches Restaurant in Oederan am Marktplatz eingerichtet. Später kamen noch Restaurants in Hartmannsdorf und Hohenstein-Ernstthal hinzu. Es entstand eine richtige Restaurantkette.

Beser Iseni ist ein sehr rühriger, aktiver Gastronom, der sich nicht auf seinen Erfolgen ausruht, sondern immer einen Schritt weitergeht. Der Familienverband spielt dabei eine tragende Rolle: Die Restaurants wurden inzwischen alle an Verwandte, aber auch Freunde weitergegeben, zuletzt das Restaurant in Hohenstein-Ernstthal. Derzeit betreibt Beser Iseni »nur« noch das Amici in Frankenberg. Er übernahm es im September 2016. Das Restaurant konnte nach umfangreichen Sanierungsarbeiten, die durch das verheerende Hochwasser 2013 erforderlich geworden waren, endlich wiedereröffnet werden. Frankenberg ist für Iseni inzwischen der wichtigste Standort, den er so schnell nicht aufgeben will. Natürlich hat

Im Amici in Frankenberg

er noch weitgreifende Pläne, die er aber nicht verraten möchte.

Beser Iseni ist davon überzeugt, dass die Familie die entscheidende Basis für den Erfolg ist. »Ohne Familie geht es nicht!« Gemeinsam mit seinem Bruder, drei Cousins und dem Rückhalt seiner Frau und seinen Kindern ist es zu schaffen. Mit fremden Angestellten gehe es eine Weile gut und dann entstünden Situationen, wie in der Coronakrise des Jahres 2020, wo man zusammenrücken muss und die Solidarität in der Familie schwierigere Zeiten zu überdauern hilft. Das griechische Restaurant Athene in Frankenberg sei ein gutes Beispiel für einen erfolgreichen Familienbetrieb.

Corona war zunächst kein großes Problem. »Es geht immer auch darum, mit weniger gut umgehen zu können«, sagt Iseni. Man hatte mehr Zeit, konnte Aktionen planen und durchführen. »In der Krise mussten alle zusammenhalten, Angestellte waren in Kurzarbeit, zum Überleben war genug da«. Sie haben den Lockdown im Frühjahr 2020 gut überstanden und gehofft, dass die Schließung des Restaurants nicht noch einmal nötig sein würde. Aber es kam anders, ab November 2020 musste der Betrieb wieder vollkommen stillgelegt werden. Dieses Mal traf es das Restaurant härter, zweimal hintereinander innerhalb so kurzer Zeit der totale Umsatzausfall. Beser Iseni musste sich ernsthaft Sorgen machen.

Iseni weiß: »Man kann nicht alles durchsetzen, was man geplant hat, es kommt immer mal anders als man denkt, man muss korrigieren können, man weiß nie.« Diese Flexibilität ist neben der Familie das andere Standbein seines Erfolgs. Beser Iseni schaut prinzipiell optimistisch in die Zukunft und kann aus Erfahrung darauf vertrauen, dass ihm Lösungen auch in schwierigen Situationen einfallen.

In Frankenberg fühlt sich Beser Iseni wohl und von allen Seiten gut unterstützt. Die Frankenberger mögen sein Restaurant. Es wird keineswegs nur von Übernachtungsgästen des Akzent-Hotels am gleichen Standort oder von Touristen besucht. Mit den Behörden in Frankenberg hat er sehr gute Erfahrungen gemacht. Auch die Landesgartenschau des Jahres 2019, die die nahe Zschopauaue mit einbezogen hat, hatte für das Amici einen sehr positiven belebenden Effekt.

Noch lebt seine Familie in Freiberg, demnächst aber in Frankenberg. Er ist auf der Suche nach einem Haus. Der neun Jahre alte Sohn geht schon seit seiner Einschulung in Frankenberg in die Schule und muss täglich von Freiberg gebracht und auch wieder zurückgefahren werden. Die kleine Tochter besucht noch den Kindergarten in Freiberg.

Erfolg hat aber auch seinen Preis. Iseni arbeitet von zehn Uhr morgens bis zur Schließung des Restaurants am späten Abend und sieht seine Frau und die beiden Kinder kaum. Auch Urlaub gönnt er sich wenig. Alle zwei bis drei Monate fliegt er für ein paar Tage in seine Heimat, nach Nordmazedonien, um Daheimgebliebene zu besuchen. Größtenteils lebt seine Herkunftsfamilie noch dort, die Bindung ist stark. Der Verwandtschaft geht es in Nordmazedonien recht gut, Iseni geht es hier in Deutschland freilich besser, betont er. Obwohl auch dort alles sehr teuer sei, würde er in seiner Heimat mit seiner Arbeit gerade mal 200 Euro im Monat verdienen.

Geboren ist Beser Iseni 1988 in Radusha, etwa 25 Kilometer von der Hauptstadt Skopje entfernt. Er hat noch als Kind den Kosovo- und Mazedonienkrieg Ende der 1990er Jahre erlebt. Seine Muttersprache ist Albanisch, seine Vorfahren sind von Albanien nach Nordmazedonien gekommen. Die Bevölkerungsmehrheit des Landes sind Mazedonier. »Albaner wurden früher immer unterdrückt, waren als Minderheit nicht gleichberechtigt, 2001 ist es zu schweren Auseinandersetzungen zwischen den Volksgruppen gekommen. Jetzt ist alles gut, wir leben gut zusammen. Unser jetziger Parlamentspräsident ist Albaner. Mazedonisch ist zwar die Amtssprache, aber dort, wo mehrheitlich Albaner leben, gilt Albanisch inzwischen als weitere Amtssprache. Die albanische Flagge ist jetzt auch erlaubt«, erläutert Iseni zufrieden.

In der Schule hat Iseni Mazedonisch, Englisch und ab der 5. Klasse sogar Deutsch gelernt. Ich bin überrascht und Iseni erläutert, dass Deutsche in seinem Dorf bereits in den 1970er Jahren eine Chrom-Fabrik gebaut haben, die vielen Arbeit gegeben hat. Die Bindungen nach Deutschland und damit auch zur deutschen Sprache habe aber vor allem damit zu tun, dass Nordmazedonien ein typisches Auswanderungsland ist. Insbesondere während der 1970er Jahre sind zahlreiche Menschen aus dem heutigen Nordmazedonien in die deutschsprachigen Länder Schweiz, Österreich und Deutschland emigriert, um dort den Lebensunterhalt ihrer Familien zu verdienen. Laut einer Schätzung leben mehr als 300 000 Mazedonier albanischer Abstammung im Ausland. So sind auch sein Vater und später die überwiegende Mehrheit seiner Klassenkameraden nach Deutschland gekommen.

Beser Isenis Kinder sprechen neben Deutsch auch Albanisch. Seine Frau stammt aus dem Kosovo und arbeitet nur gelegentlich mit; sie bleibt wegen der Kinder überwiegend zu Hause. Sein Vater, jetzt Rentner, hält sich eher in Nordmazedonien als in Deutschland auf und weiß noch nicht, ob er eines Tages wieder in seine Heimat zurückkehrt oder nicht.

Der Kontakt zu seinen Landsleuten hier in Deutschland ist intensiv. »Wir laden uns gegenseitig ein und können dann unsere Muttersprache sprechen.« Beser Iseni zählt sich in Ostdeutschland zu den albanischstämmigen Pionieren aus Nordmazedonien, in Westdeutschland sei eher die Volksgruppe der Mazedonier vertreten.

Die Debatte um Flüchtlinge, die seit 2015 verstärkt nach Sachsen gekommen sind, und auch die Vorgänge in Chemnitz im Frühherbst 2018 haben Beser Iseni »überhaupt nicht betroffen«, wie er sagt. Er sei zwar von seiner Herkunft her auch Ausländer, fühle sich aber in der deutschen Gesellschaft anerkannt und voll integriert. Die Haltung vieler Flüchtlinge, die in den letzten Jahren nach Deutschland gekommen sind, sieht er eher kritisch. Es wären vor allem Wirtschaftsflüchtlinge, keine Kriegsflüchtlinge. Das gelte gerade auch für Syrer, die über den Libanon nach Europa und Deutschland gekommen seien. Sie hätten die Tendenz, vom Sozialstaat durchgefüttert zu werden, wollten alles sofort haben, ohne wirklich arbeiten zu wollen. Sie seien auch wegen Jobs zu ihm gekommen, würden das aber gar nicht leisten können, geschweige durchhalten. Das sei seine Erfahrung. Die meisten müssten erst einmal richtig Deutsch lernen.

Beser Iseni weiß, dass es immer und überall gute und schlechte Menschen gibt, und steht auf dem Standpunkt, dass man immer erst einmal einen Beitrag für die Gemeinschaft leisten muss, bevor man Ansprüche stellen kann, und »ohne Arbeit geht das nicht.« Insofern fühlt er sich schon lange als Deutscher, besser noch: als guter Europäer und er betont am Schluss: »Nordmazedonier sind echte Europäer, mehr als alle anderen.«

VIEL GEDULD MUSS MAN HABEN!

Warten, warten, warten … viel Geduld muss man haben!

Ban Ibrahim und Amir Alazawi mit ihren Kindern Sura und Yosef

NEW YORK
33

Eine Familie aus Bagdad mitten in Frankenberg. Sie lebt seit über fünf Jahren in Deutschland und ist in Frankenberg eben gerade in eine größere Wohnung umgezogen, auf die sie vier Jahre gewartet hat. Sie empfängt mich sehr herzlich. Wir sitzen in heiterer Runde gemeinsam mit den Kindern in einem hellen Wohnzimmer, die Eltern, Ban Ibrahim und Amir Alazawi, und die Kinder Sura und Yosef. Vor allem Sura schaltet sich immer wieder in das Gespräch ein, hilft gelegentlich beim Dolmetschen. Beide beschäftigen sich zwischendurch mit ihren Tablets. Man hört Musik und Geräusche von Computerspielen.

Wir bekommen arabischen Tee und selbst gebackenen Kuchen angeboten, zum islamischen Opferfest, das gerade in diesen Tagen gefeiert wird. Es ist eines der wichtigsten Feste im Islam. Muslime erinnern an Abraham, der als gemeinsamer Stammvater von Muslimen, Juden und Christen gilt. Im Mittelpunkt stehen dabei die Barmherzigkeit Gottes und Werte wie Hilfsbereitschaft, Freundschaft und

Versöhnung. Eine gute Grundlage für unser Gespräch.

Ban Ibrahim ist berufstätig und arbeitet seit eineinhalb Jahren halbtags als Chemielaborantin in einem Labor der Technischen Universität Chemnitz. Sie hat einen Zwei-Jahres-Vertrag, der alle sechs Monate verlängert wird. In ihrer Heimat, in Bagdad, war sie im Labor eines Krankenhauses beschäftigt. Jetzt handelt es sich um ein technisches Labor, sie hat vor allem mit der Analyse und Entwicklung von Farben zu tun. Viel lieber würde sie wieder im Krankenhaus arbeiten, möglichst mit Kontakt zu Patienten und nicht so isoliert wie an einem typischen Laborarbeitsplatz.

Herr Alazawi lässt sich in Chemnitz zum Schweißer ausbilden, der Abschluss ist für Ende 2019 vorgesehen. Danach hofft er auf eine gute Arbeitsstelle hier oder anderswo in Deutschland.

Sura lernt in der dritten Klasse der Grundschule in Frankenberg und spricht sehr gut Deutsch. Yosef geht in einen Kindergarten.

Frau Ibrahim stammt aus Bagdad, Amir Alazawi aus dem Gouvernement Salah ad-Din. Sie sind Kriegsflüchtlinge, die 2013 der wachsenden terroristischen Gewalt durch dschihadistische Milizen und durch Vorläufer des

Islamischen Staats (ISIS) im Irak und insbesondere in Bagdad entkommen wollten.

Zehn Jahre vorher hatte es nach dem Einmarsch der Amerikaner und dem Sturz von Sadam Hussein 2003 eine erste Fluchtbewegung gegeben. Amir Alazawi musste damals den Irak verlassen und setzte sich nach Syrien ab. Er hat dann sechs Jahre lang in der Hauptstadt Damaskus gelebt und sich als Hausmeister sowie als Finanzdienstleister durchgeschlagen. Ban Ibrahim hat zwei Jahre in Ägypten als Laborantin gearbeitet und ist wie Amir Ende 2008 nach Bagdad zurückgekehrt. Ihre Familien hatten sie darum gebeten, zurückzukommen. Dort haben sie sich gefunden und geheiratet. Es ging ihnen recht gut, die Familie besaß zwei Häuser und zwei Autos. Eines der Häuser ist 2015 durch Raketenangriffe auf Bagdad zerstört worden. Uns werden Fotos gezeigt. »Die Deutschen glauben immer, wir sind alle arm gewesen, das stimmt aber nicht,« betont Ban Ibrahim.

Ihre Flucht nach Europa begann im Spätsommer 2013. Sie mussten Bagdad verlassen, um sich selbst und ihre Tochter in Sicherheit zu bringen; Ban Ibrahim war damals zudem hochschwanger. Die erste Etappe war Erbil im Norden Syriens. Dort blieben sie drei Monate, bevor sie eine kostspielige Ausreise nach Europa

Die Kinder Sura und Yosef

organisieren konnten, rund 40 000 US-Dollar mussten für Ausreisegenehmigungen, Visa und Flugtickets auf den Tisch geblättert werden. Anfang November 2013 flogen sie von Erbil nach Wien und dann ging es am selben Tag über Stockholm, Göteborg und Oslo nach Ålesund in Westnorwegen. Ban Ibrahims Schwester wohnte dort, der erste Anlaufpunkt der Familie in Europa. Sohn Yosef ist in Ålesund geboren.

Acht Monate blieben sie in Norwegen, bekamen dann aber keine längerfristige Aufenthaltsgenehmigung für dieses Land. Zudem haben sie sich dort nicht wirklich wohlgefühlt. Für Menschen, die aus dem trockenen Irak kommen, aus Bagdad bzw. aus Salah ad-Din, wo es im Sommer gut 55 Grad heiß werden kann, ist der norwegische Winter an der Westküste sehr gewöhnungsbedürftig. Amir Alazawi betont, es sei dort einfach zu nass, zu dunkel und zu kalt gewesen. »Sechs Monate Nacht.«

Am 8. Juli 2014 ist die Familie nach einem kurzen Zwischenstopp in Italien in Deutschland angekommen, zuerst in Chemnitz. Danach verbrachte sie einige Wochen in Schneeberg, wohnte knapp sechs Monate in einem Dorf bei Hainichen und lebt nun seit über vier Jahren in Frankenberg.

Sie träumen immer wieder von ihrer Heimat, wo ihre Eltern leben, die den kleinen Enkelsohn noch gar nicht kennen. Sie können aber derzeit nicht zurück. Amir macht vor allem den Einfluss der Amerikaner auf die irakische Politik dafür verantwortlich, dass die Verhältnisse so schwierig geworden sind. »Alles Ali Baba!« meint er. Eine kleine Schicht habe die Macht und plündere die große Mehrheit des Landes hemmungslos aus. Die Menschen seien verzweifelt. Amir wundert sich nicht, dass sich im Herbst 2019 der Protest der Bevölkerung immer weiter ausweitet, trotz blutiger Niederschlagung durch Polizei und Militär. Er verknüpft damit die Hoffnung auf eine große politische Veränderung hin zu einem lebenswerteren, sozialeren Irak, wo Korruption der Vergangenheit angehört.

Amir Alazawi hat kein dauerhaftes Aufenthaltsrecht in Deutschland, kann aber nicht in den Irak abgeschoben werden, da er als Sunnit früher auf der Seite von Saddam Hussein gearbeitet hat. Die Familie muss immer wieder auf die positive Entscheidung der Ausländerbehörde hoffen, obwohl Ban einen guten Arbeitsplatz hat und Amir nach der Beendigung seiner Ausbildung große Chancen auf eine solide Beschäftigung. Sie betonen: »Wir wissen nicht, ob wir hierbleiben dürfen.«

Es geht ihnen ganz gut in Frankenberg, sie erfahren von vielen Seiten Unterstützung. Aber, und das ist wichtig, sie fühlen sich ziemlich isoliert und haben wenig Kontakt zu Nachbarn oder gar Deutschen, bleiben lieber zu Hause. Sie sind fast die einzige irakische Familie in Frankenberg. In Chemnitz und in der Umgebung gibt es auch nicht viele Landsleute. Zudem haben sie die Erfahrung gemacht, dass viele Deutsche hier Ausländer nicht mögen.

Alle Verwandten und Freunde leben in Westdeutschland, in Dortmund, Köln und Leverkusen. Dabei kommen immerhin vierzehn Familien zusammen. Dorthin würden sie sehr gerne übersiedeln. An Festtagen versuchen sie alles möglich zu machen, um mit der Verwandtschaft in Nordrhein-Westfalen gemeinsam zu feiern. Das Opferfest mussten sie dieses Jahr bedauerlicherweise alleine feiern, die Entfernungen sind zu groß. Amir zeigt uns Bilder von gemeinsamen Festen mit Freunden und Verwandten. Das fehlt ihnen, das würden sie gern viel öfter erleben.

Die Behörden haben es ihnen bislang immer wieder verwehrt umzuziehen. Durch ihre Besuche hat vor allem Amir Alazawi den Eindruck, »Westdeutschland ist ein anderes Land als Sachsen, alles ist viel einfacher dort«. Dort könne man leichter Arbeit finden, dort könne man ein eigenes Konto eröffnen und dort könne man, um ein weiteres Beispiel zu nennen, ohne Schwierigkeiten ein eigenes Auto zulassen. Letzteres sei hier in Sachsen nicht möglich, bedauert er. Das ist ihm unverständlich. Über seine Schwester in Westdeutschland, die auch keinen langfristig gesicherten Aufenthaltsstatus hat, hat er ein Auto für sich anmelden können. Sein Dresdner Anwalt meint, es bestehe in Sachsen oder im Landkreis Mittelsachsen kein Verbot in dieser Hinsicht. Amir findet das merkwürdig, es müsse doch in Deutschland überall gleiches Recht gelten. Beide Eltern haben einen Führerschein und könnten bessere Mobilität gut gebrauchen, insbesondere für die fast tägliche Fahrt zur Arbeit oder Ausbildung nach Chemnitz. Auch gerade deswegen könnten sie sich auch einen Umzug nach Chemnitz gut vorstellen. Jeden Tag mit Bus und Bahn morgens und abends 45 Minuten unterwegs sein zu müssen, ist eine zusätzliche Belastung, die man sich gerne ersparen würde. Der Antrag wurde abgelehnt, der Anwalt hat hier nicht helfen können.

Sie würden auch sehr gerne mal eine Reise in die Türkei unternehmen, weil dort ebenfalls Verwandtschaft lebt, zum Beispiel der Bruder von Ban Ibrahim. Es ist sehr schmerzlich, das nicht zu dürfen. Seit sechs Jahren warten sie darauf und müssen viel Geduld haben. Sie bekommen keinen Pass dafür.

Ich will wissen, wie es den Kindern in Frankenberg geht. Die achtjährige Sura fühlt sich in ihrer Schule recht wohl, manchmal ist es ihr etwas zu laut, sie könne sich oft nicht konzentrieren. Das geht aber ihren Mitschülern und Mitschülerinnen genauso. Die Lehrer und Lehrerinnen seien alle in Ordnung. Ihre Lieblingsfächer sind Mathematik und Sport. Obwohl sie besonders gern schwimmt, weiß sie nicht, wo man in Frankenberg schwimmen kann. Gelegentlich besucht sie das Hallenbad in Chemnitz. Sie hat eine Freundin im Haus und eine deutsche Freundin, mit der sie viel zusammen macht. Sura möchte Sängerin werden. Jetzt wünscht sie sich aber erst einmal ein Kaninchen, das allerdings nicht in der Wohnung gehalten werden darf. Leider ist das von der Hausverwaltung verboten. Das macht sie traurig und versteht sie nicht.

Der fünfjährige Yosef geht ins Taka-Tuka-Land und dort bereits in die Vorschule. Er fühlt sich dort wohl.

Ban und Amir sprechen Arabisch, ein wenig Englisch und natürlich Deutsch. Ihre Kinder wachsen zweisprachig auf. Das gute Deutsch von Sura ist beeindruckend.

Die Familie ist muslimischen Glaubens. Amir geht mit seinem Sohn öfters freitags in eine Chemnitzer Moschee zum Gottesdienst.

Und wie sieht die unmittelbare Zukunft aus? Die Familie hofft, dass Amir nach dem Ende seiner Ausbildung eine gute Arbeitsstelle findet und die Familie dadurch mehr Geld zur Verfügung hat. Ban ist schwanger und erwartet im Februar des kommenden Jahres ein Kind. Sura hofft, dass es ein Mädchen wird. Alle sind gespannt und froh, als weiter wachsende Familie in einer so großen, schönen Wohnung mitten in Frankenberg leben zu können.

Wann die ersehnte Rückkehr in ihre Heimat Irak möglich sein wird, steht in den Sternen.

ICH KÄMPFE NICHT FÜR MICH

»Ich kämpfe nicht für mich«

Afghanistan,
Leben auf dem Land

Ahmad Saif* hat seit vier Jahren seine Familie nicht mehr gesehen, auch den kleinen Bruder und die Schwester nicht. Er ist seit seiner Flucht aus Afghanistan allein auf sich gestellt und macht sich große Sorgen um seine Angehörigen. Seine Eltern sind krank und sehr arm. Manchmal gelingt der Kontakt zu ihnen über Facebook, nicht immer.

Ahmad ist vor vier Jahren nach Deutschland gekommen, als Sechzehnjähriger; jetzt ist er zwanzig Jahre alt.

Zu viert sind sie damals aus seinem Dorf weggegangen, erst mit dem Bus bis Kabul, danach bis Kandahar, dann dort zu Fuß über die Grenze, durch Pakistan, durch den Iran in die Türkei. Es gab viele falsche Versprechungen der Schleuser, die er nie gesehen, mit denen er immer nur telefoniert hat. Am Ende ist er viel mehr zu Fuß unterwegs gewesen als mit dem versprochenen Autotransport. Zudem musste er sich auf der Strecke vollständig selbst ver-

* Name geändert.

sorgen, Übernachtungen finden, Lebensmittel organisieren. Im Iran landete er zwischenzeitlich im Gefängnis.

Sein Ziel war eigentlich die Türkei gewesen. Dort wollte er Arbeit finden. Dann hat er gefragt, »Wo ist es besser, in der Türkei oder in Europa?« Ihm wurde Europa empfohlen, die Grenzen waren zu dieser Zeit offen. Ein kleines Boot brachte ihn gemeinsam mit vielen anderen Flüchtlingen von der türkischen Küste nach Griechenland. Die Überfahrt dauerte sehr lange, vier bis fünf Stunden. Von Griechenland aus ging es über den Balkan nach Österreich. Dort wollte er bleiben. Man hat ihm dann aber empfohlen in ein großes Land zu gehen, die seien besser. Die ungarische Grenze war ohnehin schon geschlossen. So kam er nach Deutschland.

Zwei Monate lang war er auf der Flucht. Er ist sich sicher, er würde das nicht noch einmal machen. Eltern und Geschwister haben ihn finanziell unterstützt und über 5000 Euro für die Flucht aufgebracht; drei Jahre lang mussten sie die für afghanische Verhältnisse riesige Summe hauptsächlich von den kargen Erträgen der Ernte auf ihren Feldern abstottern. Ahmed plagt das schlechte Gewissen.

Warum hat er das eigentlich alles auf sich genommen? Die Lebensbedingungen in Afghanistan, im Herkunftsort von Ahmad waren katastrophal. Es gab Streitigkeiten um die Ländereien der Familie, ihre einzige wirtschaftliche Grundlage. In der Zeit der Taliban-Herrschaft wurden der Familie die Felder von Nachbarn streitig gemacht und weggenommen. Die Familie konnte sich kaum wehren. Um in Afghanistan Recht zu bekommen, muss man entweder einflussreiche Freunde oder viel Geld haben. Beides hatte die Familie nicht. Nach Jahren bekam sie die Felder zurück.

»Sterben ist in Afghanistan besser als leben!« Es gibt auf dem Lande, wo er aufgewachsen ist, keine Zugänge zu medizinischer Versorgung. Krankenhäuser gibt es nur weit entfernt in den größeren Städten, es ist kaum gesundes Trinkwasser vorhanden, kaum öffentliche Verkehrsmittel, kein Bus, kein Zug, nur ein bis zwei Taxis im Dorf.

Schlimmer noch für ihn persönlich war, dass er aus Sicherheitsgründen teilweise gar nicht zur Schule gehen konnte, obwohl ab dem sechsten Lebensjahr in Afghanistan Schulpflicht besteht. »Ich war gefangen im Haus«, sagt er. Der Vater hat ihm Persisch lesen und schreiben beibringen müssen, er war ein paar Jahre als Schullehrer tätig gewesen und hat sich dann verstecken und sogar seine Zeugnisse vernichten müssen, weil er seines Lebens nicht mehr sicher war. Afghanische Verhältnisse in Zeiten der Bedrohung durch die Taliban. Dabei hat Ahmad noch Glück gehabt, ungefähr die Hälfte seiner Familie sind Analphabeten. Er hatte auf dem Lande auch keine Perspektive, eine Berufsausbildung zu bekommen. Nur die Feldarbeit wäre seine Zukunft gewesen.

Es war klar, dass Mitglieder der Familie weggehen mussten, entweder in die Stadt oder ins Ausland, um zu überleben und möglichst die Familie zu unterstützen. »Ich konnte am ehesten weg, mein kleiner Bruder war krank, ein großer Bruder von mir ist getötet worden, ebenso wie zwei Cousins und ein Onkel. Sie sind auf dem Feld gestorben, wahrscheinlich im Zusammenhang mit den Landstreitigkeiten, es ist nie aufgeklärt worden.« Seine Mutter hat es ihm freigestellt, zu bleiben oder zu gehen. Eines Tages hat er sich entschieden.

Auf der letzten Etappe seiner Flucht kam er in eine tiefe persönliche Krise, er fühlte sich von anderen, mit denen er gemeinsam unterwegs war, allein gelassen. »Es sind für mich große Schwierigkeiten entstanden, ich wurde sehr unruhig und bekam Angst, wieder zurückzumüssen. Ich hatte eine solche Situation nicht erwartet, hatte keine Kraft mehr, wurde richtig krank und sogar in die Psychiatrie eingeliefert.« In Deutschland war er später in psychotherapeutischer Behandlung.

Die erste Station in Deutschland war ein Asylbewohnerheim bei Augsburg in Bayern, danach verbrachte er drei bis vier Monate in einem Heim in Döbeln. Dort war er mit sechs Leuten auf dem Zimmer, alle aus Afghanistan. Schließlich landete er mit anderen Geflüchteten in einer Frankenberger Wohngemeinschaft in der Gutenbergstraße.

Es ging aufwärts. Er bekam sogar eine eigene Wohnung, die er jedoch später wieder verloren hat. »Ich kann nicht Nein sagen, wenn jemand bei mir wohnen will. Ich hatte ständig Gäste, auch deutsche Mädchen und Jungen haben mich besucht, haben bei mir übernachtet. Ich wurde beim Heimleiter verpetzt, der mir vorwarf, ich würde mich nicht an die Hausordnung halten, Übernachtungen von anderen seien nicht erlaubt. Nach der dritten Abmahnung musste ich den Schlüssel abgeben und in ein Heim nach Hainichen umziehen. Das war vor einem Jahr.«

Ahmad Saif hält die Anschuldigungen, die zum Verlust der eigenen Wohnung geführt haben, alle für falsch. Er spricht von Verleumdung und hatte sich überlegt, sich zu wehren und zur Polizei zu gehen. Er hat dann aber auf eine Anzeige verzichtet.

Jetzt wohnt er seit einem Jahr unter der Woche in Geithain und hat dort mit einer Ausbildung als Konstruktionsmechaniker im Bereich Ladenbau begonnen. Die Arbeit beginnt um 6.30 Uhr in der Frühe, eine Anfahrt von Hainichen wäre dafür zu aufwendig gewesen. Er hat einen Nutzungsvertrag für eine relativ große Wohnung in Geithain, die zwar sehr spartanisch ohne gute Ausstattung sei, noch nicht einmal ein richtiger Kühlschrank sei vorhanden, die ihm aber sehr günstig vom Chef der Ladenbaufirma überlassen worden ist.

Seine Ausbildung zwingt ihn, sehr viel mit Bus und Bahn in der Region unterwegs zu sein: der Ausbildungsbetrieb ist in Geithain, die zentrale Lernwerkstatt in Espenhain, seine Berufsschule in Leipzig und seine eigentliche Bleibe in Hainichen. Das müsste eigentlich besser organisierbar sein.

Im September 2019 hat er sein zweites Lehrjahr angefangen, die Aufgaben sind zum Teil schwierig. Freimütig bekennt er, in der Ausbildung oft unkonzentriert zu sein, vieles wieder zu vergessen. Sein Deutsch ist gut, vor allem kann er sich sehr differenziert ausdrücken. Zufrieden ist er aber mit seinen Sprachkenntnissen nicht.

Ahmad schildert im Gespräch detailliert seine Arbeitsaufträge und erweist sich dabei als ein sehr gewissenhafter, aber auch nachdenklicher Lehrling. Eigentlich ist das Team am Arbeitsplatz recht angenehm, mit den Kollegen ist er in gutem Kontakt und es läge an ihm selbst, bekennt er offenherzig, wenn es in dem einen oder anderen Fall nicht so ist. Er erzählt von widersprüchlichen Anweisungen seiner Vorgesetzten, unter denen er wiederholt gelitten hat, sensibel wie er ist. Offenbar wird er zumindest ab und zu hin- und hergeschubst.

»Ich bin mir nicht sicher, ob ich die Ausbildung schaffe, ich bin mir überhaupt nicht sicher, ob ich in Deutschland bleiben darf.« Er glaubt, dass man ihn abschieben könnte, trotz seiner Deutschkenntnisse, trotz seines Ausbildungsplatzes in einem Wirtschaftsbereich, wo Arbeitskräfte gebraucht werden. Er berichtet vom Fall einer Abschiebung nach sechs oder sieben Jahren. Auch Anwälte könnten ihm im Zweifel nicht helfen. Seine Erfahrungen mit Anwälten haben ihn eher verunsichert, er würde auf keinen Fall anwaltliche Hilfe in Anspruch nehmen. »Wenn ein Weg nicht geht, muss man einen anderen versuchen«, sagt er.

»Am wichtigsten sind mir meine Eltern, ich kämpfe nicht für mich, sondern für meine Eltern!« betont er mit großem Nachdruck. »Ich unterstütze sie auch mit Geld, so gut es geht.«

Er macht sehr unterschiedliche Erfahrungen im sozialen Umfeld. »Es gibt verschieden Leute, die einen unterstützen mich und die anderen machen mir Schwierigkeiten. Es gibt überall schlechte Leute, in Frankenberg habe ich schon mehrmals schlechte Erfahrungen gemacht. Auf der anderen Seite ist Frankenberg meine Lieblingsstadt, dort kenne ich mich gut aus, dort kennen mich viele, dort fühle ich mich am wohlsten.«

Enttäuschend waren seine Erfahrungen in einem Fußballverein. Einerseits hat er auch heute noch guten Kontakt zum Trainer und zu einigen Mitspielern. Andererseits ist er dort auch schwer beleidigt worden. Wenn er davon erzählt, bricht es aus ihm heraus, merkt man ihm die Erschütterung noch an. Vor einem Jahr hat er mit Sport und Fußball ganz aufgehört. »In Geithain habe ich mit Fußball gar nicht mehr angefangen, weil man mir gesagt hat, die ganze Mannschaft sei gegen Ausländer.« Wenn man ihn immer wieder als »Kanaken« beschimpft und höhnisch fragt »Was willst du hier?« resigniert Ahmad. »Ich kann dagegen nichts machen, ich bin hilflos, ich kann mich nicht wehren.« Nicht nur aus dieser Überzeugung heraus weicht er den meisten Streitereien aus. Es ist für ihn auch eine Lehre aus dem Koran, der in seiner Interpretation friedfertiges Verhalten predigt. Bei provokantem oder aggressivem Verhalten der anderen Seite müsse man sich zurückhalten, man dürfe sich nicht anlegen, müsse einen anderen Weg suchen, wenn einem der Weg verstellt wird. Notwehr ist natürlich unter Umständen nicht vermeidbar.

Er erzählt von einem guten Kumpel aus Senftenberg, der von Deutschen geschlagen wurde, dessen Hand gebrochen wurde, die bis heute noch nicht verheilt ist. »Ausländer sind für manche keine Menschen, nur Deutsche sind Menschen.« Er erzählt von einer Situation im Zug. Einer Schaffnerin musste er als einziger sofort seine Fahrkarte zeigen, sie unterstellte Schwarzfahrt und zeigte ihm gegenüber ein beleidigendes, respektloses Verhalten in aller Öffentlichkeit. Ahmad treffen solche vorurteilsvollen Verhaltensweisen ins Mark. Er habe doch seit drei Jahren eine Fahrkarte, fahre überhaupt nicht schwarz, was seien das für Unterstellungen?

Ahmad hat kaum Freunde, sondern eher Kumpels. »Ich nenne nicht jeden Freund, Menschen kennenzulernen ist nicht so einfach. Am Anfang habe ich jedem vertraut. Jeden Tag war jemand bei mir, als ich die Wohnung noch hatte, jetzt kennen mich viele von damals nicht mehr.« Er hat Enttäuschungen erlebt und ist misstrauischer geworden.

In Freiberg und Mittweida hat er Qualifikationskurse unterschiedlicher Art absolviert und dabei nicht nur gute Erfahrungen gemacht. »Viele Menschen haben mir aber gerade hier in Frankenberg unter die Arme gegriffen und ich habe schon viel geschafft.«

Ahmad Saif ist ein sehr sympathischer, nachdenklicher junger Mann, der ehrlich und offen über sich und seine Erfahrungen erzählt. Mit jedem Wort, mit jeder Geste ist spürbar, dass er es als sehr junger Mensch nicht ganz leicht hat. Das Getrenntsein von seiner Familie macht ihm zu schaffen, ablehnendes und respektloses Verhalten sowieso. Auf der anderen Seite erfährt er viel Unterstützung und Hilfe, auch Anerkennung und Zuneigung.

EINE STARKE FRAU AUS TSCHECHIEN

Eine starke Frau aus Tschechien

Kateřina Frydryškova

Kateřina Frydryšková ist alleinerziehende Mutter mit drei kleinen Kindern. Sie hat sich von ihrem Mann getrennt, ist gerade in eine andere Wohnung innerhalb von Frankenberg umgezogen, wirkt sehr selbstständig und handlungsstark. Ihre Zwillinge Michaela und Matthias sind sechs Jahre alt, Sohn Josef ist elf.

Sie ist Berufskraftfahrerin, fährt derzeit einen großen Sprinter, liefert Autoteile und auch Baumaterialien aus, sie arbeitet sogar gelegentlich auf dem Bau und ist dort mit vielen Arbeiten vertraut. Sie hat Wände geschlitzt und verputzt, Leitungen verlegt und viel Erfahrung im Trockenbau. »Das hat mir Spaß gemacht, ich habe mich dabei gefunden«, lächelt sie stolz. Eigentlich ist sie gelernte Krankenschwester, aber »immer diese Schmerzen sehen, nee, das ist nichts für mich«. Früher hat sie auch als Kassiererin und als Putzfrau gearbeitet.

Ich sitze mit ihr in der Küche und wir kommen ins Gespräch, die Kinder sehen nebenan im Wohnzimmer fern.

Seit Ende März 2014 lebt sie mit ihrer Familie in Frankenberg, in Tschechien ist sie geboren, ihre Eltern wohnen noch in ihrem Heimatort, der Hýskov heißt und etwa dreißig Kilometer von Prag entfernt in Richtung Pilsen liegt. Kateřina Frydryšková legt Wert darauf, dass ihre Eltern nicht zu weit weg wohnen, bis Hýskov sind es von Frankenberg aus nur etwa 200 Kilometer. Ihre Urgroßmutter stammt aus der Gegend von Annaberg in Oberschlesien, war eine Deutsche, die nach dem Krieg 1945 mit ihrem Mann nach Tschechien gegangen ist. Insofern hat Kateřina auch deutsche Wurzeln. Vielleicht liegt es auch daran, dass sie so gut Deutsch spricht. Die Urgroßmutter konnte es ihr allerdings nicht mehr beibringen; sie starb als ihre Urenkelin vier Jahre alt war.

Und wie kam sie nach Deutschland, nach Frankenberg? Ihr Mann, von Beruf LKW-Fahrer, fand eine Anstellung in Frankenberg bei dem Mühlbacher Fuhrunternehmen und Baustoffhandel Lutz Kühn. Verbunden war damit das Versprechen, mehr Geld als in Tschechien zu verdienen und die Familie besser versorgen zu können.

Kateřina Frydryšková hat sich im wahrsten Sinne des Wortes emanzipiert, nicht nur von der traditionellen Rolle als Hausfrau und Mutter, sondern auch von ihrem Ehemann. »Ich war zu Hause so etwas wie ein Küchengerät, so eine Art Mixer oder was Ähnliches. Ich musste immer springen ... Mein Mann kam am Wochenende heim, setzte sich an den Computer und ließ sich bedienen.«

Aus ihrer Sicht hat ihr Mann auch die Kinder schlecht behandelt, er hat sie eingeschüchtert, autoritär herumkommandiert, extrem beschimpft und damit ihre Lebendigkeit und junge Lebensfreude eingeschränkt. Wenn er zu Hause war, mussten sie immer ruhig und artig sein. Sie konnten sich gar nicht entfalten. »Bei mir dürfen sie quietschen und spielen, jetzt geht es ihnen besser, das ging gar nicht mehr.« Sie trennte sich von ihm vor drei Jahren.

Obwohl sie die deutsche Sprache bereits in Tschechien gelernt hatte, hat sie im ersten halben Jahr in Sachsen nichts verstanden. »Ich hatte ein großes Problem mit dem Sächsischen, Hochdeutsch ist was ganz anderes«, sagt sie. Inzwischen geht es nach all den Jahren viel besser, sie muss aber nach wie vor oft rückfragen: »Wie meinst Du das? Ich frage lieber nach, vieles kann unterschiedliche Bedeutung haben.«

Die Kinder verstehen Sächsisch gut, vor allem die sechsjährigen Zwillinge. Josef, der Große, hat teilweise Probleme mit der Sprache und nicht nur damit. In der Frankenberger

Matthias, Michaela und Josef

Schule wurde er oft gehänselt und schikaniert. Er kann sich nicht richtig wehren und hat sich dort sehr unwohl gefühlt. »Weil er sehr verschlossen ist, habe ich das erst gar nicht mitgekriegt«, betont seine Mutter. Man weiß ja, dass es in Kindergarten und Schule zwischen den Kindern nicht immer harmonisch zugeht.

Sein tschechischer Akzent war offenbar einer der Gründe dafür, dass Josef Schwierigkeiten bekam. Zuletzt gehörte er einer kleinen Minderheit von Ausländerkindern in der Klasse an, ein Schüler kommt aus Pakistan, einer aus dem Iran.

Seit Anfang des neuen Schuljahrs fährt er jetzt jeden Tag nach Flöha und geht dort in die Förderschule. Er leidet unter Aufmerksamkeits- und Konzentrationsstörungen, braucht Hilfe. Er hat Angst, in Flöha ebenso ausgegrenzt und beschimpft zu werden wie in Frankenberg. Bislang ist es gut gegangen, das sei aber immer so gewesen, erst ein guter Anfang und dann allmählich immer schlechter. Seine Mutter hofft darauf, dass in der Förderklasse in Flöha eine günstigere Schülerstruktur gegeben sei, mit mehreren Ausländern und schwachen Schülern, die unterstützt werden müssen. Dort hätte Josef dann Ruhe und Zeit zum Lernen.

Michaela und Matthias, die Zwillinge, sind im Taka-Tuka-Land und fühlen sich dort wohl. Sie sind quicklebendig und hatten auch nicht die Startschwierigkeiten ihres großen Bruders. Sie sprechen und verstehen auch gut Sächsisch, leben ja auch seit ihrem ersten Lebensjahr in Frankenberg.

Kateřina Frydryšková hat selbst auch Anfeindungen erlebt, ausländerfeindliche Sprüche. In letzter Zeit sei es eher besser geworden, sie kann sich auch besser wehren und sich aufgebrachten Deutschen entgegenstellen. Sie erinnert sich noch gut an einen Vorfall. Sie kam direkt von der Baustelle, hatte beim Einkaufen noch ihre schmutzigen Arbeitsklamotten an, als sie schlimme Beschimpfungen hören musste: »Die Scheißausländer, die machen nix, ziehen nur Geld aus der Staatskasse!« Früher sei dies öfter passiert, jetzt ab und zu. »Mit blöden Witzen muss man leben, da mache ich einen Witz zurück!«

Sie wünscht sich von den Frankenbergern, von den Deutschen, Ausländer nicht in einen Sack zu werfen. »Die kommen ja aus sehr verschiedenen Ländern und Weltgegenden – Tschechien, Russland, Pakistan, Iran ..., sie sind nicht alle gleich.« Das gehört sich ihrer Ansicht nach nicht. »Erst mal fragen, zuhören. Sie wissen ja gar nicht, was hinter den Leuten steckt, kennen ihre Geschichte, ihr Schicksal nicht. In mir steckt zum Beispiel auch eine Deutsche, meine Uroma war eine Deutsche.«

Auch Deutsche dürfe man »nicht in einen Sack werfen, das ist das Gleiche!«. Erst müsse man wissen, wer und was dahinter steckt. Ihre Erfahrungen sind eben auch sehr unterschiedlich, sogar in unmittelbarer Nachbarschaft. Auf der einen Seite freundschaftliche Unterstützung, auf der anderen Seite Distanz, Ignoranz und sogar Feindseligkeit. Sie lasse sich nichts vormachen und habe gelernt, zu unterscheiden und sich zu wehren. Kurz: Eine selbstständige Frau, die ihr Ding macht.

Sie weiß nicht genau, ob die Lebensbedingungen für Ausländer, für Migranten oder Geflüchtete zuletzt schlechter geworden sind. Das kann in Chemnitz oder in anderen Teilen Sachsens so sein. In Frankenberg sei das eher nicht so, abgesehen von Schlägereien, bei denen die Polizei einschreiten musste, sei es hier ganz ruhig.

Daher möchte sie auch in Frankenberg bleiben, nach Tschechien ziehe sie, abgesehen von ihren Eltern, die sie gerne besuche, nichts. Die Arbeitsmöglichkeiten und auch die soziale Absicherung bei Arbeitslosigkeit seien hier in Deutschland einfach besser.

Sie möchte weder in den Westen Deutschlands gehen, wie andere Migranten, noch in eine größere Stadt ziehen. Dort herrsche zu viel Stress, sie brauche ihre Ruhe, sie komme schließlich vom Lande. Klar sei auch, dass man beispielsweise in Hannover oder Frankfurt alle Sprachen spreche und als Mensch mit fremder Herkunft nicht so auffalle. Das habe Vorteile. Sie arbeite von morgens bis abends im Beruf, für die Familie, und bekomme daher auch nicht alles mit.

Vielleicht zieht es ihre Kinder eines Tages in die Großstadt, wegen der Ausbildung oder der Arbeit. Das könne sie dann gut verstehen.

BUSFAHRER, INGENIEUR ODER LEHRER?

Busfahrer, Ingenieur oder Lehrer?

Blick auf Frankenberg

Habibullah Habibi öffnet mir die Tür und lädt mich in seine Wohnung ein. Seine Frau Sima Faramoz und die kleine eineinhalb Jahre alte Arso begrüßen mich und sind erwartungsvoll. Was soll jetzt hier passieren? Was will dieser fremde Deutsche? Die Familie hat eine geräumige Wohnung in der Gutenbergstraße. Sie servieren mir Kaffee und Kuchen.

Seit September 2016 lebt Habibullah Habibi in Deutschland, seit Januar 2017 mit seiner fünfköpfigen Familie in Frankenberg. Arash, der älteste fast acht Jahre alte Sohn, besucht eine Schule in Hainichen, der fünfjährige Yoresh geht in den Kindergarten Taka-Tuka-Land in Frankenberg und die quicklebendige kleine Arso bleibt noch zu Hause.

Habibullah Habibi konnte nach einer zweimonatigen Probezeit bei der Firma Neuhaus in Hainichen einen Arbeitsvertrag unterschreiben und lenkt seitdem tagtäglich Linienbusse durch die ganze Region. Der Radius seiner Fahrten reicht von Hainichen und Roßwein über Mittweida, Wiederau, Burgstädt und Rochlitz bis nach Chemnitz; jeden Tag eine andere der insgesamt 25 Linien.

Ich frage Habibi, ob er seine Rolle als Busfahrer gerne spielt, ob es ihm Spaß macht? »Ich kenne keine andere Arbeit, ich muss Geld verdienen ... Ich würde lieber Lehrer sein, das geht aber hier in Deutschland nicht, vielleicht eines Tages in Afghanistan. Die Rückkehr ist im Moment aber undenkbar, jeden Tag sterben dort mindestens hundert Menschen: junge, alte, Frauen, Kinder.«

Seit achtzehn Jahren sind die Taliban, die islamistischen Extremisten in Afghanistan, terroristisch aktiv. Der afghanische Staat ist nach wie vor zu schwach, um im Lande ein sicheres und friedliches Miteinander zu gewährleisten. Es ist völlig offen, wie lange das alles noch dauert und die Verhältnisse so schlecht bleiben wie sie derzeit sind. Die Mehrheit der Afghanen lebt am Rande des Existenzminimums.

Afghanistan setzt sich aus vier großen Völkerschaften und achtzehn kleineren Volksgruppen zusammen. Wie soll sich daraus eine stabile Nation, ein stabiles Gemeinwesen bilden? Seit 300 Jahren herrschen die Paschtunen, die größte der Völkerschaften, die trotzdem nur etwa 25 Prozent der Bevölkerung Afghanistans ausmachen. Sie glauben, dass ihnen das Land gehört, meint Habibi. »Das geht nicht!« Habibi und seine Familie gehören zur zweitgrößten Volksgruppe der Tadschiken. Im Übrigen beherrschen nach Habibis Überzeugung ausländische Mächte, besonders die USA und die NATO, das Land. Die Präsidenten der letzten Jahrzehnte seien von außen eingesetzt und im Prinzip nicht vom Volk gewählt worden, obwohl in Afghanistan Wahlen abgehalten werden. Das gelte für den früheren Präsidenten Hamid Karsai ebenso wie für den aktuell amtierenden Präsidenten Aschraf Ghani, der sich gerade wieder zur Wahl stelle und diese vermutlich gewinnen werde. Ghani habe vierzig Jahre lang außerhalb Afghanistans gelebt und wisse gar nicht, was dort tatsächlich passiere. Habibi meint, man bräuchte in Afghanistan einen starken Staat, eine Regierung, die den Ausgleich zwischen den Völkern und Gruppen herstellt.

Für ihn gab es nur zwei Möglichkeiten: Flucht oder Kampf. Er habe sich schon vor Jahrzehnten für die Flucht entschieden. 1998 ist Habibi aus Afghanistan nach Tschechien geflohen, hat dort Abitur gemacht und anschließend, zwischen 2002 und 2004, Maschinenbau studiert, hundert Kilometer von Prag entfernt. Er musste nebenher arbeiten, um sein Studium zu finanzieren; irgendwann ging das nicht mehr. Er nutzte seinen LKW-Führerschein und verlegte seinen Schwerpunkt auf internationale Transporte durch ganz Europa, von Italien bis Norwegen. Überall ist er herumgefahren, später auch als Reisebusfahrer.

2010/11 kehrt Habibi noch einmal für sieben Monate nach Afghanistan zurück, als Soldat einer tschechischen ISAF-Truppe unter NATO-Führung. Stationiert war er in der Provinz Logar, vierzig Kilometer von Kabul entfernt.

2011 hat er dort seine Frau Sima Samaroz kennengelernt, geheiratet und nach Tschechien mitgenommen. Dort genießen er und seine Familie unbefristetes Aufenthaltsrecht, in Deutschland muss er jährlich einen neuen Antrag stellen. Der Aufenthalt wird ihm und seiner Familie mit großer Wahrscheinlichkeit gewährt, allein schon wegen seines Arbeitsvertrages. Im Zweifel müsse er nach Tschechien zurück.

Habibullah Habibi spricht sehr gut Deutsch, natürlich Tschechisch und perfekt Englisch. Eigentlich könnte er eine gefragte, hochqualifizierte Fachkraft im Maschinenbau sein. Während seines Maschinenbaustudiums hat er sich vor allem mit Metallurgie beschäftigt, mit CNC-Maschinen zur Herstellung von Autoteilen hat er viel Erfahrung. Bei dem Gedanken, er könne eines Tages in diesem Bereich arbeiten, eventuell parallel studieren, wird Habibi lebendig. In diesem Feld werden doch gerade in Sachsen Leute gesucht, oder?

Seine Frau spricht nicht so gut Deutsch, sie musste bislang mit den Kindern zu Hause bleiben. Wenn die Jüngste in den Kindergarten geht, will sie endlich einen Deutschkurs belegen. Aber auch das wird nicht so einfach werden. Früher wurden in der Gutenbergstraße Deutschkurse für Geflüchtete und Migranten angeboten, heute gibt es das nicht mehr. Habibi weiß, dass die Räume mit kompletter Ausstattung noch vorhanden sind und die Nachfrage wäre seiner Ansicht nach in Frankenberg auch da.

Ich frage nach seinen Erfahrungen als Busfahrer. Die zwei Monate Testfahrten wären ihm leichtgefallen, danach sei er angestellt worden. Am Anfang seien vor allem die Verständigungsprobleme groß gewesen. »Sächsisch ist sehr, sehr schwierig. Die Sachsen können kein Englisch, die Sachsen können aber auch kein Deutsch, außerdem sprechen sie oft zu schnell!« Habibullah Habibi hat Deutsch fast ausschließlich im Selbststudium gelernt. Er betont die Ähnlichkeit von Deutsch und Tschechisch, es gebe viele ähnliche Worte und Begriffe. Jetzt würde die Verständigung ganz gut klappen, oft müsse er aber Fahrgäste darum bitten, langsamer zu sprechen.

Es ist selten, aber es kommt vor: »Fahrgäste sind nicht nur unfreundlich, sondern richtig böse. Wie dieser ältere Mann, dem ich seinen 50-Euro-Schein nicht wechseln konnte und der mich daraufhin laut beschimpft hat, warum ich überhaupt hier sei und nicht in meinem Land, wo ich hingehöre.«

Beim Einzug in die neue Wohnung vor einem Jahr gab es Streitereien mit einem Nachbarn. »Wir wollen dich hier nicht, du musst weg!« schimpfte der und wollte den Einzug verhindern. Habibi hat ihm mehrfach klarmachen müssen, dass er und seine Familie eine ruhige Wohnung brauchten, dass er schon einen Mietvertrag mit der Frankenberger Wohngesellschaft unterschrieben und auch schon Kaution bezahlt habe. Dennoch gab es jeden Tag Ärger; der Nachbar hat ihm und seiner Familie lange Zeit das Leben schwer gemacht. Irgendwann ist Habibi der Geduldsfaden gerissen und er hat sich bei der Wohnungsgesellschaft beklagt. Daraufhin kam es zu einer gemeinsamen Sitzung mit dem schimpfenden Nachbarn, mit Vertretern der Wohngesellschaft und ihm. Man habe dabei dem Nachbarn deutlich gesagt, dass Habibi schon seit Jahren ein guter Kunde der Gesellschaft sei, dass er pünktlich seine Miete bezahle, also rundum ein seriöser Mieter sei. Das Ganze endete mit dem Appell der Wohnungsgesellschaft: »Bitte seid friedlich miteinander!«

Im Gegenzug zeigte ihn der Nachbar wegen Ruhestörung an, weil die Kinder am frühen Abend wieder einmal zu laut gewesen wären. Die Angelegenheit musste vor Gericht geklärt werden; der Richter musste dem Nachbarn deutlich machen, dass Kinderlärm in gewissen Grenzen vor 22 Uhr hinzunehmen sei, danach nicht mehr. Das sei der Familie Habibi völlig klar, dafür habe sie immer schon gesorgt.

Inzwischen haben sich die Wogen geglättet und zwischen den Nachbarn ist Frieden eingekehrt, vor allem Sima Faramoz hat ein gutes Verhältnis zur Frau des Nachbarn. Mit allen anderen Nachbarn hätte es nie Probleme gegeben und sei alles gut.

Habibullah Habibi geht mit Unfreundlichkeit und Feindseligkeit ganz gelassen um. Auf die ihm immer mal wieder gestellte Frage: »Warum bist du hier, gehörst du nicht woanders hin?« antwortet er meistens cool: »Das ist eine lange Geschichte, so schnell kann ich dir die gar nicht erzählen ...«

Ihm geht es um die Zukunft seiner Kinder, die seiner Ansicht nach in Deutschland aussichtsreicher sei als in Tschechien. Das habe ihn und seine Frau auch motiviert, hier in Deutschland eine Arbeit und eine Wohnung zu suchen.

Zunächst kam er im September 2016 für drei Monate allein nach Mittweida, um die Möglichkeiten für ihn und seine Familie zu erkunden. In Frankenberg hat es dann mit der Wohnung geklappt, in Hainichen mit der Arbeit.

Im Moment fühlt sich die Familie in Frankenberg wohl. Natürlich ist Habibullah Habibi beweglich. »Wenn ich ein besseres Angebot bekäme, woanders mehr verdienen könnte, würde ich auch aus Sachsen weggehen.« Ein Bruder und eine Schwester von ihm leben in Hamburg. Dort ist der Alltag zwar teurer, wenn er dort aber eine gut bezahlte Arbeit bekäme, würde er gerade auch mit Blick auf seine Verwandtschaft dorthin ziehen. Er schwärmt auch für Frankfurt am Main, das er bei Besuchen eines Freundes kennengelernt hat. Dort sei es sehr attraktiv, ähnlich wie in New York; es gäbe mehr als hundert Nationalitäten. Frankenberg ist nicht Frankfurt.

Ich frage, wie es den Kindern in der Schule und im Kindergarten geht? Der fast Achtjährige muss in der Schulzeit täglich mit dem Bus nach Hainichen fahren. Zwei Tage in der Woche wird er dort in einer »Ausländerklasse« vor allem in deutscher Sprache unterrichtet, drei Wochentage geht er in eine normale Klasse. Die Eltern hoffen, dass er demnächst nach Frankenberg überwechseln kann, was den Familienalltag leichter machen würde. Einmal hat Arash nach der Schule den Bus verpasst und hat sich dann von Hainichen nach Frankenberg zu Fuß aufgemacht, das war kein Spaziergang. Die Polizei musste eingeschaltet werden, um ihn zu finden. Jetzt fährt er mit anderen Kindern gemeinsam nach Hainichen.

Der fast fünfjährige Yoresh geht ins Taka-Tuka-Land. Das scheint ganz gut zu gehen. Eine große Sorge haben die Eltern mit ihm dennoch: Er spricht nicht; physiologisch sei alles in Ordnung, sagen die Fachärzte und Logopäden. Man ist ratlos und hofft auf die Zukunft. Die Eltern meinen, er habe keine Lust zu sprechen und manchmal kämen dann doch ein paar spontane Worte aus seinem Mund. Vielleicht fällt es ihm auch schwer, wenn in der Familie drei Sprachen gesprochen werden: Arabisch, Tschechisch und Deutsch.

Wie sieht der Kontakt mit anderen Familien und Menschen in Frankenberg aus? Habibi hat einen guten Kontakt zu einem Kollegen in Mühlbach. Ansonsten gibt es nicht viele Menschen, mit denen er näheren Umgang hat, weder mit Deutschen noch mit Afghanen, die hier in der Region nur selten leben. Seine Frau Faramoz ist offenbar kontaktfreudiger und kennt relativ viele Frauen im Wohnumfeld oben in Frankenberg.

Fühlt sich Habibullah Habibi von den Sachsen akzeptiert? Die Chemnitzer Ereignisse vor einem Jahr haben Angst ausgelöst. Habibi erzählt, dass sich Nachbarn wegen der Extremisten und Nazis kaum noch nach Chemnitz trauten. Er hat dazu eine andere Meinung: »Die Polizei hat das in den Griff bekommen, die Sicherheit ist wieder hergestellt.« Wichtiger für ihn aber ist, er sieht sich nicht wie die Flüchtlinge, die in den letzten Jahren neu nach Deutschland gekommen sind. Er habe Arbeit und – nicht zuletzt durch den alltäglichen Kontakt mit den Fahrgästen seines Busses – die gute Möglichkeit, allmählich wechselseitiges Vertrauen zu den Sachsen aufzubauen.

Bootsflüchtlinge

Meena und Wahid Mohammadi mit ihren Kindern

I will
Dance
all day
long!

Meena und Wahid Mohammadi sind zwei sehr sympathische junge Leute, die aus Afghanistan stammen, lange Zeit aber im Iran gelebt haben, bevor sie nach Deutschland gekommen sind. Ich lerne sie im Café Lebenswert kennen. Sie kommen gerade aus der Kleiderkammer, ihre kleine dreijährige Tochter Sarina ist dabei, ihr sechsjähriger Sohn Matin ist im Kindergarten. Sie waren gleich bereit mit mir zu sprechen, mir ein wenig von ihrer Geschichte zu erzählen.

Seit vier Jahren sind sie in Deutschland, sie gehörten zu dem großen Flüchtlingsstrom, der im Herbst 2015 über die Türkei und Griechenland, den Balkan und Österreich kam und sie direkt nach Frankenberg geführt hat. Zu fünft waren sie 38 Tage gemeinsam mit der Mutter und einem Bruder unterwegs. Sohn Matin war damals zwei Jahre alt. Mit Schrecken denken sie noch an ihre dramatischen Versuche, mit dem Boot von der türkischen Küste nach Griechenland überzusetzen. Erst im vierten Anlauf hat die Überfahrt geklappt. Beim ersten Mal fiel der Motor aus, als sie mitten auf dem Wasser waren. Vierzig Bootsflüchtlinge, Männer, Frauen und viele Kinder, mussten vier Stunden lang voller Angst große Ungewissheit aushalten, bevor sie von der türkischen Küstenwache gerettet und in die Türkei zurückgebracht werden konnten. Einen Tag später erfolgte der nächste Versuch. Das Boot war diesmal gar nicht seetüchtig, kurz nach dem Ablegen kam durch ein Leck im Rumpf sehr schnell Wasser ins Boot. Es war schlimm. Bei dem folgenden verzweifelten Durcheinander fiel der zweijährige Sohn ins Wasser. Wahid hatte keine andere Möglichkeit Matin zu retten, als mit ihm ans nahe Ufer zu schwimmen, indem er ihn in seiner Schwimmweste hinter sich herzog. Es gelang ihm nur mit großer Anstrengung. Seine Frau, sein Bruder und seine Mutter wurden durch die Evakuierung des Boots aus großer Not befreit. Beim dritten Anlauf, Tage später, mussten sie wegen hohen Seegangs umkehren. Erst beim vierten Mal erreichten sie nach einstündiger Überfahrt das rettende griechische Ufer.

Meena und Wahid erzählen diese Geschichte mit Empörung. Man spürt, wie diese Erfahrung auch nach vier Jahren noch in ihren Knochen steckt. Für Matin war es traumatisch. Wenn er Wasser sieht, ruft er »Mama nein, Mama nein!« Auch Meena fürchtet sich inzwischen davor, schwimmen zu gehen. Dabei haben sie Glück gehabt, viele sind bei diesen kriminellen Schleusertouren ums Leben gekommen. Sie mussten nicht mit dem Leben bezahlen, aber 1300 US-Dollar pro Person. Die Flucht vom Iran in die Türkei hatte vorher pro Person schon 1500 US-Dollar gekostet.

In Frankenberg angekommen, mussten sie drei Monate im Auffanglager in der Kaserne leben, danach durften sie in eine eigene Wohnung in der Gutenbergstraße ziehen. Heute leben sie mitten in Frankenberg, in der Meltzerstraße.

Sie fühlen sich wohl hier und das strahlen sie auch aus. Sie wirken offen, sehr freundlich und entspannt. In Frankenberg gebe es keine Probleme, obwohl, sie betonen es, ihr Leben nicht gerade leicht sei. Sie haben zwar Kontakte zu Landsleuten, aber kaum zu Einheimischen. Sie glauben, dass ihr Leben in einer größeren Stadt leichter wäre, zum Beispiel in Hamburg oder Berlin, wo viele Landsleute leben. Vorläufig bekämen sie aber nicht die Erlaubnis der Ausländerbehörde, von Frankenberg wegzuziehen.

Ich verstehe Meena und Wahid recht gut. Nur manchmal, wenn ich zu komplizierte Fragen stelle, rätseln sie ein wenig, was gemeint ist. Aber diese kleinen sprachlichen Probleme lassen sich immer aus der Welt schaffen. Wahid absolviert Deutschkurse in Chemnitz und Meena hat bislang ganz allein aus Büchern Deutsch gelernt, will aber demnächst auch mit Kursen beginnen. Neben Deutsch spricht sie perfekt Persisch, ein wenig Arabisch und auch Englisch. Wahid spricht Dari, die afghanische Variante des Persischen.

Meenas Fluchtgeschichte beginnt mit ihrem ersten Lebensjahr. Sie kennt Afghanistan eigentlich gar nicht, sie ist im Iran aufgewachsen. Wahid ist vor dreizehn Jahren mit seinem Bruder und seinem Vater aus Afghanistan in den Iran geflohen. Neun Jahre lang hat er dort gelebt. Wegen der fehlenden Aufenthaltsgenehmigung haben die iranischen Behörden ihn in dieser Zeit zweimal über die Grenze zurück nach Afghanistan geschickt. Der Vater hat dann jedes Mal dafür gesorgt, dass er wieder in den Iran gelangen konnte. »Du kannst auf keinen Fall in Afghanistan bleiben, dort bist du nicht sicher!«, hat er gesagt.

Sie möchten beide möglichst in Deutschland bleiben. Ihr Aufenthaltsstatus ist ungewiss, jetzt wurden sie gerade wieder durch einen Gerichtsbeschluss für ein Jahr geduldet. Sie können sich nicht vorstellen, nach Afghanistan zurückzumüssen. Das Leben sei dort besonders schwer. Mahid erzählt von den

Bomben und Selbstmordattentätern in seinem Heimatland, gerade vor Kurzem seien in Kabul wieder viele Menschen getötet worden. Meena deutet an, dass sie nicht verschleiert gehen möchte, obwohl sie gläubige Muslimin ist.

Im Iran haben sich beide freier fühlen können, mussten aber auch dort als Ausländer Diskriminierungen erfahren. Sie gehören zudem der Religionsgemeinschaft der Sunniten an, die im Iran mit seiner schiitischen Mehrheit allein deshalb nicht besonders wertgeschätzt werden. Auch hier in Sachsen spüren sie, dass Ausländer von vielen nicht gerade gemocht werden. Das mache zwar nicht glücklich, sei aber zu ertragen. Wahid erzählt, dass es Frauen, die Kopftuch tragen, besonders schwer haben. Kürzlich habe er erlebt, wie Kopftuchträgerinnen in Frankenberg mit Eiern beworfen worden seien.

Wahid hat, obwohl er erst knapp 24 Jahre alt ist, im Iran bereits als Maurer gearbeitet. Er kann sich vorstellen, auch in Deutschland auf dem Bau beschäftigt zu sein, er kann sich aber auch eine ganz andere Berufstätigkeit vorstellen, bloß arbeiten möchte er. Jetzt müsse er aber erst seine Deutschlektionen lernen und die B1-Prüfung bestehen, vorher dürfe er ja gar nicht arbeiten und könne auch keine Ausbildung anfangen. Vielleicht ist er in einigen Monaten so weit, zum zuständigen Jobcenter nach Hainichen gehen zu können, um nach einer Arbeit oder einem Ausbildungsplatz zu fragen. Der Deutschunterricht in Chemnitz macht ihm Mühe. Er deutet an, dass er aus der »DEB-Schule« am liebsten aussteigen würde, der ständige Lehrerwechsel gefällt ihm gar nicht.

Sehr glücklich ist er darüber, vor Kurzem seine praktische Führerscheinprüfung im ersten Anlauf geschafft zu haben. Jetzt hat er sogar die Chance, irgendwann ein günstiges Auto zu besitzen, damit er und seine Familie mobiler sind.

Meena kann sich vorstellen, Verkäuferin zu werden, viel lieber wäre ihr aber eine Beschäftigung im Krankenhaus oder in einer Arztpraxis. Im Iran hat sie drei Jahre lang als Arzthelferin gearbeitet und macht deutlich, dass sie die praktischen Seiten dieses Berufes mit Freude beherrscht. Leider fehlen ihr die erforderlichen Zeugnisse, die im Iran geblieben sind. Das dürfte sie aber nicht daran hindern, hier eine Ausbildung zur Arzthelferin beginnen zu können, wenn sie ihr Deutsch verbessert hat. Schließlich werden Fachkräfte im medizinischen Bereich gesucht.

Meena ist jetzt 21 Jahre jung; als sechzehnjährige Mutter ist sie nach Deutschland gekommen. Seit vier Jahren muss sie wegen der Kinder zu Hause bleiben. Ihre Zukunft stellt sie sich als berufstätige Frau vor, die – ganz anders als die Frauen in Afghanistan – ein freies, unabhängiges Leben führt. Sie ist der Ansicht, bisher zu wenig gelernt zu haben, und möchte das dringend nachholen. Im Moment gehen die Kinder noch vor.

Man kann Meena und Wahid Mohammadi mit ihren Kindern nur eine angenehme und sichere Zukunft wünschen, bei der sie von ihren Mitmenschen unterstützt werden, hier in Frankenberg oder anderswo. Die Baubranche und das medizinische Berufsfeld bieten ausreichende Chancen für die beruflichen Perspektiven der beiden noch sehr jungen Menschen hier in Deutschland.

Ein Herzenswunsch ist noch immer nicht in Erfüllung gegangen: sie haben keinen Pass, um in den Iran zu reisen oder die kranke Mutter in Afghanistan zu besuchen. Das tut weh.

VIETNAME-
SISCHE
LEIDENSCHAFT

Vietnamesische Leidenschaft in Frankenberg

Geselliges Beisammensein

Auf dem großen Parkplatz eines Frankenberger Baustoffmarktes finde ich die Garküche von Thúy, ein kleines vietnamesisches Take-Away-Bistro am Rande der Stadt. Die Adresse lautet: Imbiss, An der Autobahn 1. Es liegt tatsächlich nicht weit von der A4-Auffahrt Frankenberg und nicht wie andere am Markplatz der Stadt. Man muss schon zu Thúys Imbiss hinfahren. Wenn man sie und ihre Speisen kennt, sollte man telefonisch vorbestellen.

Thúy ist eine sehr lebendige und sympathische Frau. Sie mag den Kontakt zu Menschen und kommt auch mit ihren Kunden sehr schnell ins Gespräch. Es macht Spaß mit ihr zu sprechen und ihre Stimme zu hören.

Seit über dreizehn Jahren betreibt Thúy, die mit vollem Namen Tran Thi Ngoc Thúy heißt, diesen Imbiss in Frankenberg. Das Geschäft ist immer gleichbleibend gut gelaufen, hat ihre Familie ernährt. Anfangs hat ihr Mann Ngo Xuan Toan voll mitgearbeitet, seit zehn Jahren kann er nur noch stundenweise arbeiten.

Er ist krank, die Schultern schmerzen, sind lädiert. Er kann die Arme nicht mehr frei bewegen, die körperliche Anstrengung, jahrelang mit dem schweren Wok zu kochen, ist nach und nach zu viel geworden. Früher hat er sehr hart gearbeitet, als Koch in München, Frankfurt, Würzburg und andernorts.

Thúy erklärt, dass ihre Kunden keine flachen, leichten Pfannen mögen, aus dem Wok schmecke es nun mal besser. Ein Wok ist eine Art Muldentopf aus Eisen und Alu, hat etwa drei Kilo Gewicht, mit Speise wiegt er sechs bis sieben Kilo und muss mit einer Hand gehalten werden. Es ist eine traditionelle Art zu kochen, alles, Gemüse, Fleisch und Gewürze, wird zusammen zubereitet. Thúy ist eine leidenschaftliche Köchin und sie weiß, Essen ist ein großes Thema, nicht nur in Vietnam, sondern auch in Deutschland. Thúy kocht scharf und süß-sauer wie in Südvietnam, wo sie aufgewachsen ist. In Nordvietnam, wo ihr Mann herstammt, wird traditionell nicht ganz so scharf gekocht, »eigentlich wie in Europa«, meint Thúy. Ihr Mann musste sich, erzählt sie schmunzelnd, allmählich an ihre Kochweise gewöhnen.

Thúy wohnt seit 2002 in Frankenberg, zunächst bei ihrer Tante, die seit 1987 hier lebt. Bei ihrer Tante hat sie 2005 auch ihren Mann kennengelernt. Im Jahr 2007 kam ihre Tochter Truc Anh zur Welt, 2013 wurde geheiratet und 2014 wurde ihr Sohn Phu Anh geboren.

Ich will wissen, wie sie überhaupt nach Deutschland gekommen ist. Um diese Frage zu beantworten, muss Thúy etwas ausholen. Sie ist in Nordvietnam geboren, in Haiphong. Aber ihre Familie zog mit ihr in den Süden als sie noch ein Kind war, nach Saigon bzw. Ho-Chi-Minh-Stadt, wie die größte Stadt Vietnams heute heißt. Dort ist sie in einer Art Großfamilie aufgewachsen, der Onkel und die Großeltern wohnten auch mit im Haus. In der Nachbarschaft gab es viele Kinder und in dieser Gemeinschaft hat Thúy schon sehr früh viel gelernt.

In Vietnam lernen die Kinder ab dem dritten Lebensjahr, erzählt sie; mit fünf Jahren können die Kinder lesen. Sie konnte es auch, bevor sie in die Schule gekommen ist. Sie war nicht im Kindergarten, dafür hatte die Familie kein Geld. Ihr Bruder konnte dann später in den Kindergarten gehen. Sie kann sich vor allem daran erinnern, auf ihren zweijährigen Bruder aufgepasst zu haben, sie hat ihn gefüttert, zu Bett gebracht und ihm schöne Geschichten erzählt. »Mit meiner eigenen Fantasie«, betont sie. Sie hat sich in Saigon in ihrem großen Haus mit den vielen Menschen und Kindern, wie das in Vietnam üblich ist, sehr wohl und sicher gefühlt. Von der sechsten bis zur zwölften Klasse ging sie in Saigon in die Schule, hat dort das Abitur und auch die Hochschulprüfung bestanden. Anschließend hat sie drei Jahre lang Betriebswirtschaftslehre studiert, aber in Vietnam keinen Abschluss gemacht. Da kam die Tante in Deutschland dazwischen. »Sie hat gerufen und ich hatte Lust auf eine große Reise, auf Abenteuer. Ich hatte schon als Kind sehr viel Fantasie.« Damals war Thúy Anfang zwanzig.

Anfangs hat sie sich in Deutschland gar nicht wohl gefühlt und wollte zurückgehen. »Das Leben ist ganz anders als in Vietnam, man kann sich das hier gar nicht vorstellen. Abends um halb sieben haben wir gegessen und eine Stunde später waren wir immer mit dem Moped unterwegs. Wir haben uns mit Freunden getroffen, sind zu Konzerten gegangen, überall hin, überall war Leben.« Und wie sah es dagegen in Frankenberg abends aus und wie ist das heute noch so? »Es gibt hier nichts in Frankenberg, keine Menschen auf der Straße, keine Konzerte, kein Kino oder Veranstaltungen, wo man hingehen kann. Nach zwanzig Uhr gibt es auch kein Essen mehr in Frankenberg, es ist hier alles so ruhig, totenstill ..., ein riesiger Unterschied zu Vietnam.«

Schwer waren die ersten Jahre in Deutschland auch aus einem anderen Grund. »Ich konnte kein deutsches Wort sprechen, oh nee, es war schlimm!« Von Anfang an hat sie die Kinder ihrer Tante, ihre Cousine und ihren Cousin, von der Vierwegschule abgeholt. »Ich wurde von den freundlichen Omis und Opas in Frankenberg immer gegrüßt.« Es war ihr sehr peinlich nur »Guten Morgen« oder »Guten Tag« und »Auf Wiedersehen« sagen zu können. »Wenn ich hier wohne und hier leben will, muss ich unbedingt Deutsch lernen«, hat sie sich gesagt. Der Einstieg erfolgte über die Volkshochschule Chemnitz. Dort hat sie allerdings nur einen Monat lang Deutsch gelernt. »Es war viel zu teuer, 248 Euro im Monat.« Sie war zunächst ratlos. Vietnamesische Freunde haben ihr dann geholfen. »Ich habe Glück gehabt, komm doch mit, haben sie gesagt.« Und dann habe ich mich bei einer sozialen Berufsschule in Chemnitz angemeldet und ein Jahr lang Deutsch gelernt. »Ich hatte gute Lehrer. Nachdem ich den Deutschkurs bestanden hatte, habe ich mich an der Uni in Dresden angemeldet, um weiter zu studieren. Es wäre möglich gewesen, ... aber wer sollte das bezahlen?« Die Tante hatte kein Geld, konnte es nicht bezahlen. Sie war zudem besonders belastet, sie hatte zwei Kinder, die sie als Alleinstehende betreuen musste. Dazu arbeitete sie damals in einem Geschäft in Waldheim und musste jeden Tag hin- und herfahren. In dieser Zeit, also ungefähr 2002, sind auch die Vietnamesen fast alle aus der Stadt und der Region weggegangen, nach Westdeutschland in die großen Städte. Da war niemand mehr, der die Kinder in der Nachbarschaft hätte betreuen können. »Da musste ich einspringen und meine Tante unterstützen.«

Warum ist Thúy letztlich in Deutschland, in Frankenberg geblieben? Im Jahre 2004 gab es eine große Veränderung für sie. Die Tante konnte nicht mehr länger die Betreuung der Kinder bezahlen. Thuy suchte sich eine neue Arbeit und hat dann zum Beispiel in Bayreuth gearbeitet, als Bedienung in einem vietnamesischen Restaurant – von neun Uhr vormittags bis nachts um eins, wie sie betont. Der Job war sehr anstrengend, der Verdienst aber gut. Einen Tag in der Woche ist sie damals regelmäßig mit dem Zug nach Frankenberg zurückgefahren, um ihre Tante zu unterstützen. 2005 hat sie in Würzburg gearbeitet, etwas weniger. 2006 wurde sie mit ihrem ersten Kind schwanger und kehrte zur Tante nach Frankenberg zurück. Es folgte eine ruhige Zeit, in der sie bis 2007 wieder der Tante geholfen hat.

Ich frage sie, wie sie sich in Frankenberg fühlt? Thúy lobt Frankenberg, eine schöne Stadt, ruhig und ehrlich. »Ich bekomme sofort Hilfe, wenn ich was brauche oder verloren habe.« Sie ist mit vielen Frankenbergern befreundet, vor allem mit Deutschen; viele Vietnamesen, die hier früher gelebt haben, seien auf der Suche nach Arbeit weggezogen.

Eine Erfahrung muss Thúy unbedingt erzählen. Vor Jahren hat eine »deutsche Omi« auf ihre Tochter Truci aufgepasst. Am Anfang war das sehr schwierig. Die ältere Dame wollte die Betreuung erst einmal eine Woche ausprobieren. Es gab Ärger mit ihrem Mann, dem Opa. »Am ersten Tag hat er mich nicht angeguckt, er mochte keine Ausländerleute. Es war sehr anstrengend, nach einer Woche kam das ›Ja‹, nach zwei Monaten hat der Opa meine Tochter vom Kindergarten abgeholt ...« Der Opa wurde immer freundlicher und hat ihrer Tochter sogar Geschenke gemacht, nach vier Jahren ist er dann gestorben. In den Ferien kommt die Tochter noch immer zur Frankenberger Omi, die trotz ihres Alters sehr aktiv ist. Sie fährt immer mit dem Moped herum und wirft Zeitungen in Briefkästen, ihre Tochter will jetzt mitmachen. Thúy findet das sehr schön.

Auch andere Deutsche haben Thúy geholfen, zum Beispiel hat Karin Kahl Socken und

Handschuhe gestrickt, genäht und Geschenke gemacht. Besonders dankbar ist sie auch einer Frankenberger Ärztin, die ihr für ihre kranken Eltern in Vietnam kostenlos Medikamente überlassen hat. »Das Medikament ist besser als das vietnamesische und reicht für ein ganzes Jahr.« Thúy hat in Frankenberg viel Hilfe erfahren, die Hilfsbereitschaft der Frankenberger sei so ähnlich wie die, die sie aus ihrer vietnamesischen Heimat kennt. Auch weil das genau ihrer Haltung, ihrem Naturell entspricht, will sie hier gar nicht mehr weg.

Vietnamesische Eltern sind meistens sehr ehrgeizig. Das ist in Vietnam so, gilt vor allem aber auch für Vietnamesen, die den Sprung in die Fremde gewagt haben. Sie wünschen sich für ihre Kinder eine bessere Zukunft und wissen, dass eine gute Schulbildung dafür unabdingbar ist. Die dreizehnjährige Tochter Truci besucht die siebte Klasse der Erich-Viehweg-Oberschule in Frankenberg. Sie fühlt sich dort wohl, hat viele Freundinnen und soll möglichst später auf ein Fachgymnasium gehen und studieren. Ein guter Ausbildungsberuf wäre auch denkbar und gut. Thúy macht sich aber Sorgen und sagt es ganz deutlich: »In Vietnam sind die Schulen strenger als hier, Hausaufgaben müssen hier nicht unbedingt gemacht werden.« Das stört sie, ihre Tochter müsste ihrer

Ansicht nach mehr lernen. Und dann denkt sie, sie sei mit daran schuld, sie habe zu wenig Zeit für die Familie und ihre Kinder. Die Einschulung des Sohns erfolgt in diesem Jahr.

Und dann erzählt Thúy sehr engagiert noch eine Geschichte: »In der ersten Klasse war meine Tochter sehr gut und dann wurde es in der zweiten Klasse immer schlechter. Sie fühlte sich nicht mehr wohl, ich wusste nicht woran das lag. Ich ging zur Lehrerin und hatte den Eindruck, dass sie meine Tochter nicht leiden mochte.« Die Lehrerin empfahl eine Förderschule. Thúy war schockiert, mit der Förderschule hätte die Tochter keine Chance gehabt, auf die Oberschule oder das Gymnasium zu gehen. Es kam zu einem Test, der deutlich zeigte, dass ihre Tochter nicht so leistungsschwach war, auf eine Förderschule gehen zu müssen. »In der Förderschule hieß es: ›Ihre Tochter gehört nicht hierher.‹« Thúy war erleichtert, musste sich aber das Protokoll des Tests erkämpfen, die Lehrerin wollte unbedingt recht behalten. Dann gab es endlich eine Lösung des Konflikts: Die Tochter konnte auf die Evangelische Grundschule in Frankenberg wechseln. Danach war alles gut.

Ich frage Thúy, ob sie und ihre Familie nach den ausländerfeindlichen Vorgängen der letzten Jahre in Sachsen, insbesondere nach den

Ereignissen in Chemnitz im Spätsommer 2018, schlechte Erfahrungen in Frankenberg gemacht habe. Sie schüttelt den Kopf.

Sie sei mit ihren Kunden immer wieder zu diesem Thema ins Gespräch gekommen und habe sich angehört, was erzählt wird. Viele Menschen, vor allem Deutsche, hätten Probleme mit Ausländern, insbesondere mit Flüchtlingen. Die würden ja nicht arbeiten und würden Ärger machen. Vor zwei Jahren hätte man vor allem Angst vor Einbrüchen gehabt. Überall sei ja in Frankenberg eingebrochen worden, auch im nahen Autohaus, im Baustoffmarkt und bei Aldi. Man habe ja nicht gewusst, wer das war. Die Sorge und Unsicherheit sei damals groß gewesen. Jetzt sei das nicht mehr so. Thúy will auf jeden Fall mit ihrer Familie in Frankenberg bleiben, allein schon wegen der Kinder will sie nicht nach Vietnam zurückgehen. Ihre Kinder sind hier geboren und aufgewachsen, sie sprechen viel besser Deutsch als Vietnamesisch, auch wenn in der Familie Vietnamesisch gesprochen wird.

Thúy ist eine sehr tatkräftige Vietnamesin, die noch viel bewegen will, nicht nur für sich und ihre Familie. Besonders am Herzen liegen ihr Kontakte und Begegnungen zwischen Vietnamesen und Deutschen. Begeistert erzählt sie von deutschen Freunden, die nach Vietnam gereist sind und dort auch ihre Familie getroffen haben. Oder sie erzählt von der großen vietnamesischen Chor- und Tanzgemeinschaft, der sie angehört, die in Chemnitz zwei- bis dreimal im Jahr große Feste organisiert – zum vietnamesischen Neujahrsfest, dem sogenannten Tet, zum Jahrestag des Sieges der Vietnamesen über die Amerikaner im April 1975 oder auch zum Mondfest, dass eigentlich für Kinder im August gefeiert wird. Mehr als 400 Menschen kommen bei diesen Festen zusammen, auch Deutsche sind eingeladen. Es sei aus Spenden finanziert und im Prinzip kostenlos für alle, schwärmt Thúy.

Thúy und ihr Mann haben in Frankenberg auch noch wichtige Pläne für ihre Zukunft. In der Nähe eines großen Discounters, der ein großes Einzugsgebiet hat, soll Ende des Jahres ihr neuer Imbiss entstehen. Dort ist ein erweitertes Angebot vietnamesischer Speisen vorgesehen, also »nicht nur Wok-Küche«, wie Thúy betont, sondern es soll unter anderem auch ein Sushi-Angebot geben. Und, »das ist das Wichtigste«, sagt sie, »man wird dort auch gemütlich sitzen und speisen können«. Das sei an ihrem bisherigen Imbiss-Standort nur sehr eingeschränkt möglich.

Ich verabschiede mich von Thúy, freue mich über ihre offene Art, über ihr herzliches Lachen, über ihre sehr positive Ausstrahlung. Ich freue mich, sie kennengelernt zu haben, vielleicht auch, weil mir Vietnam von vielen früheren Arbeitsbesuchen recht vertraut ist und ich hier, mitten in Frankenberg, diesem Land und ihren Menschen durch Thúy wieder begegnen konnte.

Migrationsberatung in Frankenberg

Sabine Zöge

Seit vier Jahren arbeite ich für Menschen mit Migrationsbiografie. Begonnen habe ich meine Arbeit 2015 in der Erstaufnahmeeinrichtung für Geflüchtete in Frankenberg. Derzeit habe ich die Sozialbetreuung einer Gemeinschaftsunterkunft in Frankenberg inne und mit meinem Kollegen gemeinsam die Migrationsberatungsstelle für Erwachsene Zuwanderer für das östliche Einzugsgebiet des Landkreises Mittelsachsen.

Als 2015 die »Flüchtlingswelle rollte« war auch ich eher skeptisch, wie das alles funktionieren sollte. Als die ersten Busse in der Erstaufnahme eintrafen, war es schwierig, so viele Menschen unterschiedlicher Nationalitäten auf engem Raum unterzubringen. Vor allem für die Familien war es schwer, da es fast keine Privatsphäre gab. Aber die Menschen waren froh, einen sicheren Ort gefunden zu haben, wo sie neuen Mut fassen und sich von den Strapazen ihrer Flucht erholen konnten. Wir lernten die Neuankömmlinge und ihre oft traurigen Geschichten kennen. Während unserer Arbeit erfuhren wir überwiegend Dankbarkeit und Hilfsbereitschaft.

Natürlich gab es auch in Frankenberg Konflikte zwischen den Neuankömmlingen und den Einheimischen, die den Fremden gegenüber nicht wohlgesonnen waren. Es ist der guten Zusammenarbeit der beteiligten Organisationen und Institutionen zu verdanken, dass die Lage immer wieder schnell beruhigt werden konnte. So gab es beispielsweise einmal im Monat einen runden Tisch mit Vertretern der Stadt, dem Gemeinschaftswerk Frankenberg/Sa. e. V., der Polizei und den Trägern, die die Geflüchteten in Unterkünften und Wohngruppen betreuten.

Inzwischen ist so etwas wie Alltag eingekehrt und man hat sich an das Bild der Fremden gewöhnt. Man begegnet ihnen im Supermarkt, beim Arzt, in der Stadt, die Kinder gehen in Kindergarten und Schule und die Eltern besuchen Sprachkurse oder versuchen im Arbeitsleben Fuß zu fassen. Die meisten von ihnen wollen sich hier eine gute Zukunft aufbauen und in Sicherheit leben.

Ich möchte mich an dieser Stelle bei allen bedanken, die den Fremden gegenüber offen sind, die keine Berührungsängste haben und die sich für die Menschen und ihre Geschichten interessieren. Begegnet man sich mit Respekt und Freundlichkeit, die man auch für sich selbst erwartet, lässt man sich aufeinander ein, wird man feststellen, dass die Begegnungen sehr herzlich werden und nette Worte oder einfach nur ein Lächeln die Kommunikation erleichtern. Und macht es nicht auch das Leben spannend und lebenswert, andere Kulturen zu entdecken, andere Sitten und Bräuche kennenzulernen? Es ist gar nicht schwer, probieren Sie es aus!

NACH-
Nachwort
WORT

Ängste entstehen insbesondere dann, wenn konkrete, alltägliche Erfahrungen fehlen.«* Dieser Satz von Frank Richter trifft einen Kern der Distanz und Kommunikationsprobleme zwischen Einheimischen und Zuwanderern in Sachsen, natürlich auch anderswo in Deutschland. Und er trifft zugleich das Anliegen dieses Buches, über diese »Fremden« etwas zu erfahren, ihnen aufgeschlossen zu begegnen.

Gerade in kleinen Städten und Dörfern Ostdeutschlands ist die Chance, »Fremde« näher kennenzulernen, relativ gering. Ihr Bevölkerungsanteil ist und war immer sehr niedrig, selbst als 2015/16 vergleichsweise viele Geflüchtete nach Sachsen kamen und auf die Regionen verteilt wurden.

Ende 2020 wurde für die ausländische Bevölkerung in Sachsen ein Anteil von 5,5 Prozent ermittelt**, eine Größenordnung, die der in allen östlichen Bundesländern entspricht.

* Frank Richter, Kommunikation kann schiefgehen – Nichtkommunikation wird schiefgehen, in: Olaf Kittel (Hg.), Flüchtlinge in Sachsen, Dresden/Leipzig 2016, 97.

** Statistisches Bundesamt, in Zahlen ausgedrückt: 222 780 von 4 063 778 Einwohnern, Stand 31. 12. 2020.

Demgegenüber lag der Bundesdurchschnitt Ende 2020 bei 13,7 Prozent, in Hessen – dort habe ich Jahrzehnte gelebt – bei 18,1 Prozent, also mehr als dreimal so hoch wie in Sachsen.

Dabei ist es ein Unterschied, ob Einheimische über Jahrzehnte die Erfahrung mit Menschen ausländischer Herkunft machen konnten, wie in Westdeutschland, oder ob diese Erfahrungen gar nicht oder nur am Rande stattfinden konnten, wie in Ostdeutschland. Die Vertragsarbeiter oder Studenten aus Asien oder Afrika, die zur DDR-Zeit in Ostdeutschland gelebt haben, sind bekanntlich kaum mit der deutschen Bevölkerung in Berührung gekommen.

Insofern gab es in Sachsen bzw. Ostdeutschland allgemein in den letzten Jahrzehnten weit weniger Möglichkeiten, Erfahrungen mit fremden Kulturen am Heimatort zu machen. Ab 2015 wurden sie dann eher unerwartet und plötzlich mit Geflüchteten konfrontiert. Deren Anteil an der ausländischen Bevölkerung lag in Sachsen auch noch 2019 bei 28,1 Prozent und war damit doppelt so hoch wie im Bundesdurchschnitt (13,5 Prozent).* Der Anteil der Menschen mit ausländischen Wurzeln also, die noch wenig in die

* Statistisches Bundesamt, Ausländerzentralregister.

Mehrheitsgesellschaft integriert sind, ist in Sachsen vergleichsweise recht hoch.

Die Meinungsbildung über Geflüchtete der letzten Jahre konnte in Sachsen für viele Einheimische nur über die Medien, die sozialen Netzwerke, über das Hörensagen und nicht über eigene Erfahrungen erfolgen. Kontakte hielten und halten sich in engen Grenzen.* Hinzu kam die politische Instrumentalisierung der sogenannten Flüchtlingskrise. Es gab eine Zeit, da wurden Flüchtlinge für alle denkbaren Missstände in Sachsen und Deutschland verantwortlich gemacht. Viele haben sich in Sachsen von den Geflüchteten bedroht gefühlt, andere haben sich engagiert und geholfen, wo sie konnten.

Ich habe Jahrzehnte in der Pfalz auf dem Lande und später in Frankfurt am Main, mit hohen Ausländeranteilen gelebt und gearbeitet. Die Begegnung mit »Fremden«, mit Menschen ganz unterschiedlicher Herkunft und Hautfarbe war alltäglich, in der Öffentlichkeit, auf dem Dorf, in der Stadt, im Beruf und in der Freizeit. Schon während des Studiums in den

* Gert Pickel, Weitgehend unerwünscht? Das Stimmungsbild zum Flüchtlingsthema in Sachsen, in: Olaf Kittel (Hg.), Flüchtlinge in Sachsen, Dresden/Leipzig 2016, S. 84.

1970er Jahren war ich persönlich mit Geflüchteten aus dem Iran, aus Indien, aus Chile konfrontiert, habe gelernt, mit ihnen an der Universität zusammenzuarbeiten und sie abends in der Kneipe näher kennenzulernen. Ihre Geschichten und Hintergründe waren oft spannend und haben den Horizont erweitert. Man wurde angeregt, über den eigenen Tellerrand zu blicken.

Vielleicht konnte ich bestimmte Schicksale auch deshalb besser nachvollziehen, weil ich selbst mit meinen Eltern und Geschwistern in den 1950er Jahren vom Osten in den Westen »geflüchtet« bin, auch nur mit einem Koffer, aber mit der deutschen Sprache im Gepäck. Auch wir waren einmal »die Fremden« und wurden in den ersten Jahren von den Einheimischen misstrauisch und vielfach mit großer Distanz beäugt. Ein Aspekt dabei war der Dialekt, den ich aus Sachsen mitbrachte und der sich erheblich vom Pfälzischen und Hessischen unterschied.

Vor diesem Hintergrund war es für mich einerseits nicht ganz unverständlich, aber dann doch sehr irritierend, 2015 und in den Folgejahren in Sachsen zu erleben, wie reserviert und feindselig man den Geflüchteten bei aller Hilfsbereitschaft von Teilen der einheimischen Bevölkerung begegnet ist.

Das war der Anstoß, diese Sammlung an Texten, die aus den Gesprächen entstanden sind, zusammenzustellen.

BILDNACHWEIS
Adobe Stock / WoGi, Umschlag vorn und hinten; picture alliance / Associated Press | Rahmat Gul 51; picture alliance / Zoonar | Birgit Seifert 73. Alle anderen Abbildungen privat.

BIBLIOGRAFISCHE INFORMATION DER DEUTSCHEN NATIONALBIBLIOTHEK
Die Deutsche Nationalbibliothek verzeichnet diese Publikation in der Deutschen Nationalbibliografie; detaillierte bibliografische Informationen sind im Internet unter http://dnb.dnb.de abrufbar.

ISBN 978-3-948049-16-4

Gerichtsweg 28 · 04103 Leipzig
www.editionüberland.de

GESTALTUNG, SATZ UND HERSTELLUNG
Hofmeister Stauder. Büchermacher, Berlin

DRUCK UND BINDUNG
BoD – Books on Demand, Norderstedt

Printed in Germany